Ein Zwischenraum der Geistkraft

AF617914

TVZ

bibel heute predigen
hg. von Sabrina Müller

Gott, Macht und Liebe. Die Samuelbücher heute predigen,
Walter Dietrich, Zürich 2024

Ein Zwischenraum der Geistkraft. Die Apostelgeschichte heute predigen,
hg. von Sabrina Müller, Stefan Krauter,
Ralph Kunz, Zürich 2026

Sabrina Müller, Stefan Krauter,
Ralph Kunz (Hg.)

Ein Zwischenraum der Geistkraft

Die Apostelgeschichte heute predigen

T V Z
Theologischer Verlag Zürich

Der Theologische Verlag Zürich wird vom Bundesamt für Kultur
für die Jahre 2026–2028 mit einem Strukturbeitrag unterstützt.

Bibliografische Information der Deutschen Nationalbibliothek
Die Deutsche Nationalbibliothek verzeichnet diese Publikation
in der Deutschen Nationalbibliografie; detaillierte bibliografische Daten
sind im Internet über http://dnb.dnb.de abrufbar.

Bibeltext zitiert nach der Zürcher Bibel (2007)
© Verlag der Zürcher Bibel beim Theologischen Verlag Zürich

Umschlaggestaltung
Simone Ackermann, Zürich

Satz und Layout
Claudia Wild, Konstanz

Druck
gapp print, Wangen im Allgäu

ISBN 978-3-290-18771-2 (Print)
ISBN 978-3-290-18772-9 (E-Book: PDF)

© 2026 Theologischer Verlag Zürich
www.tvz-verlag.ch

Alle Rechte vorbehalten

Hersteller:
TVZ Theologischer Verlag Zürich AG,
Schaffhauserstr. 316, CH-8050 Zürich
info@tvz-verlag.ch

Verantwortlicher in der EU gemäß GPSR:
Brockhaus Kommissionsgeschäft GmbH,
Kreidlerstr. 9, D-70806 Kornwestheim
info@brocom.de

Weitere Informationen bezüglich Produktsicherheit finden Sie unter:
www.tvz-verlag.ch/produktsicherheit

Inhalt

Vorwort
Die Apostelgeschichte heute predigen – ein Zwischenraum der Geistkraft

Da sind Wind und Feuer.

Ein Raum füllt sich mit Sprachen, Stimmen, Widerspruch.

Es geht durch Städte, über öde Landschaften, durch Gefängnistüren hindurch.

Und mittendrin wirkt die Geistkraft – nicht greifbar, aber spürbar.

Und da sind wir.

Die Apostelgeschichte erzählt von Bewegung. Von Unsicherheit und Unterbrechung, von neuer Gemeinschaft und gelebtem Zeugnis. Wer sie heute predigt, stellt sich in diesen Strom – nicht wissend, wohin er führt.

Die 17 Predigten dieses Bandes sind Teil einer solchen Bewegung. Die meisten entstanden in der Zusammenarbeit zwischen der homiletisch-liturgischen Übung (Evensong, Prof. Ralph Kunz) und dem neutestamentlichen Seminar (Prof. Stefan Krauter). Im liturgischen Raum der Mittwochabendgottesdienste wurden sie gesprochen – von Studierenden der Theologischen und Religionswissenschaftlichen Fakultät der Universität Zürich, die sich der Apostelgeschichte sowohl analytisch als auch predigend genähert haben.

Jede Predigt ist Ausdruck eines tastenden Zugangs – gewachsen an der Schnittstelle von Schrift und Gegenwart, Studium und Gottesdienst, Suchen und Sprechen.

Die Apostelgeschichte erinnert: Kirche ist nie abgeschlossen. Sie ist unterwegs. In Bewegung, im Streit, im Vertrauen. Die Predigten in diesem Band nehmen diese Dynamik auf –

nicht als Rückblick, sondern als Einladung in die Gegenwart Gottes.

Alle Predigten schliessen mit einem Gebet – als Einladung, das Gelesene aufzunehmen, weiterzuführen und in eigene theologische oder spirituelle Wege zu übersetzen.

Mit diesem Band laden wir ein, sich auf das Predigen *heute* einzulassen – mit der Apostelgeschichte als Kompass und dem Mut zur eigenen Stimme.

Sabrina Müller, Ralph Kunz und Stefan Krauter

Einführung

Stefan Krauter

Die Apostelgeschichte gehört zu den unterschätzten Büchern der Bibel. Die ersten Zeugnisse dafür, dass sie abgeschrieben und gelesen wurde, sind, verglichen mit anderen Büchern des Neuen Testaments, wenig und spät. Während zu den Evangelien und den Paulusbriefen ab dem 3. Jahrhundert Kommentare geschrieben wurden, stammt der erste Apostelgeschichtskommentar, von dem wir wissen, aus dem 8. Jahrhundert von dem britischen Gelehrten Beda. Dass über Texte aus der Apostelgeschichte gepredigt wird, ist – abgesehen von Auffahrt und Pfingsten – traditionell und bis heute selten.

Wie gross die Leistung ihres Verfassers jedoch war, macht man sich am besten klar, indem man sich einmal vorstellt, wie es wäre, das Neue Testament ohne die Apostelgeschichte zu lesen. Man erführe etwas über einen Jesus, der in Galiläa als jüdischer Prediger und Wundertäter umherzog, in Jerusalem gekreuzigt wurde, dann aber einigen Frauen und Männern lebendig erschien. Man hätte eine Sammlung von Briefen eines Mannes mit rätselhafter dunkler Vergangenheit namens Paulus an Versammlungen von nichtjüdischen Menschen in Kleinasien, Griechenland und Rom, die Christus verehren. Dazu kämen noch Briefe von Personen, von denen man nicht genau wüsste, wer sie sind: Geschwister von Jesus? Männer, die mit ihm durch Galiläa zogen? Man stünde wie vor einem Haufen unvollständiger, durcheinandergewürfelter Mosaiksteinchen. Immer wieder einmal passten ein paar davon zusammen. Doch ein Bild ergäbe sich nicht einmal in Umrissen. Erst durch die Apostelgeschichte, die zwischen den Evangelien und den Briefsammlungen steht, bekommt man ein eindrückliches Bild davon, wer Paulus ist und was er mit Petrus, Johannes und Jakobus zu tun hat, wie der Glaube an Christus von Judäa in den ganzen östlichen Mittelmeerraum und bis nach Rom kommt und wie jüdische und nichtjüdische Menschen zu ihm stehen.

Dieses Bild «malt» derselbe Autor, der auch das Lukasevangelium verfasst hat, ungefähr um 120 n. Chr. im Rückblick. Er muss dabei ältere Quellen zur Verfügung gehabt haben, und er kannte sich gut aus: Er überliefert alte Traditionen über Barnabas und die Christusgläubigen in Antiochia (Apg 11,19–30). Staunenswert exakt trifft er das Lokalkolorit von Städten wie dem griechischen Athen (Apg 17,16–34), dem mazedonischen Philippi (Apg 16,9–40) und dem kleinasiatischen Ephesus (Apg 19,1–40) oder der ländlichen Region Lykaonien (Apg 14,8–20). Doch vor allem kommt es ihm auf die grossen Linien an: In den vielen detailreichen, oft spannenden, manchmal auch ziemlich witzigen Episoden erzählt er die eine grosse Geschichte, wie Menschen in der Kraft des Geistes zu Zeugen Jesu werden und Kirche bauen. Er entwirft ein Masternarrativ – eine grundlegende, prägende Erzählung – des Christentums. Ja, etwas überspitzt könnte man beinahe sagen: Er «erfindet» das Christentum. Selbstverständlich nicht einfach aus dem Nichts, indem er es sich ausdenkt. Vielmehr in dem Sinne, dass er die vielen schon vorhandenen Mosaiksteinchen in ein stimmiges Bild fügt und dadurch das Abgebildete überhaupt erst erkennbar macht.

Dieses Bild ist nicht statisch. Der Verfasser der Apostelgeschichte hat ein Gefühl dafür, dass die Kirche, wie er sie Anfang des 2. Jahrhunderts kennt, eine Entwicklungsgeschichte hinter sich hat. Gekonnt markiert er wichtige

Schaltstellen und zeigt dadurch, wie die Kirche in vielen Schritten zu dem wurde, was sie ist: Philippus und der äthiopische Eunuch (Apg 8,26–39), Petrus und Cornelius (Apg 10,1–48), Paulus, der nach Europa übersetzt und dort Lydia trifft (Apg 16,14–15). Anhand dieser farbig geschilderten Begegnungen vollzieht er nach, wie die befreiende und rettende Botschaft von Jesus immer mehr Grenzen von Ländern, Ethnien und Sprachen überwindet. Sie versammelt unterschiedliche Menschen in einer wahrhaft «ökumenischen», die ganze bewohnte Welt umfassenden Gemeinschaft (Apg 1,8).

Dass mit dieser Entgrenzung eine tragische Entfremdung vom eigenen Ursprung verbunden ist, verschweigt der Verfasser nicht: Die Tore des Jerusalemer Tempels, in dem alles begann (Lk 1,8–22; Apg 2,46 f.), werden am Ende mit lautem Knall zugeschlagen (Apg 21,30). Die Beziehung zwischen den jüdischen und nichtjüdischen Christusgläubigen und den Juden und Jüdinnen, die diesen Glauben nicht teilen, bleibt am Ende der Apostelgeschichte angespannt offen (Apg 28,17–28). Dass die Sammlung der ökumenischen Gemeinschaft der Glaubenden in Spannung zur imperialen Ideologie des Römischen Reichs geraten kann, das sich ebenfalls als weltweite Herrschaft versteht, macht der Verfasser der Apostelgeschichte eher zwischen den Zeilen deutlich. Wenn die Frage im Raum steht, wer der wahre König der Welt ist, Jesus oder der Kaiser, braucht er für eine Antwort nicht nachzudenken. Ein antirömischer Widerstandskämpfer ist er trotzdem nicht. Er sucht vorsichtig nach einem *Modus vivendi* in den politischen Realitäten dieser Welt.

Doch bei allem Bewusstsein für Wandel, Entwicklung und sogar schmerzhafte Brüche legt die Apostelgeschichte grössten Wert auf Kontinuität: Sie spannt einen weiten Bogen von Maria, Jesu Mutter (Apg 1,14), über die Zwölf, die von der Taufe Jesu bis zu seiner Auffahrt Augenzeugen waren (Apg 1,21 f.), die Sieben, die sich um die griechischsprachigen Glaubenden kümmern (Apg 6,1–7), und den reisenden Verkündiger Paulus mit seinen Begleitern, bis zu den Ältesten, die Paulus beauftragt, nach seinem Tod als «Hirten» tätig zu sein (Apg 20,17–35). Wie bei einem Staffellauf geben sie einander den Stab weiter.

Über diesen grossen Linien vergisst der Schreiber der Apostelgeschichte nicht die praktischen und organisatorischen Aspekte. Er erzählt auch eine Institutionengeschichte: Es geht um Wahlen, Beauftragungen, Diskussionen und Entscheidungen und nicht zuletzt immer wieder um Geld. Doch die Institution «Kirche» wird nie zum Selbstzweck. Der Auftrag, Zeugen zu sein, den die Elf am Beginn des Buchs von Jesus bekommen (Apg 1,8), bleibt bis zum Schluss die Norm, an der sich alles auszurichten hat.

Darum ist auch der Geist der eigentliche Akteur dieser Geschichte. Das Lukasevangelium beginnt in einer «alttestamentlich» anmutenden Welt, in der besondere, auserwählte Frauen und Männer vom Geist zur Prophetie befähigt werden (z. B. Lk 1,41). Bei der Taufe Jesu (Lk 3,21 f.) konzentriert sich dann das Wirken des Geistes ganz auf ihn: *Alles,* was er sagt und tut, geschieht im Geist und nur das, was *er* sagt und tut, geschieht im Geist. In Jerusalem, 50 Tage nach der Auferstehung, kommt der Geist hingegen über alle versammelten Männer und Frauen und es kommt zu einer wunderhaften Vorwegnahme des Ziels der Geschichte: Menschen aus aller Welt und mit allen Sprachen hören und verstehen die Predigt von den grossen Taten Gottes (Apg 2,1–12) Von da an beginnt das Grenzen überschreitende Zeugnis von Jesus; immer geschieht es in der Kraft des Geistes. Diese im Wortsinn spirituelle Dimension der Geschichte verdichtet der Autor in wunderhaften Erfahrungen (die Apostel heilen wie Jesus kranke und behinderte

Menschen, z. B. Apg 3,1–8), in ekstatischen Erlebnissen (dem «Zungenreden», z. B. Apg 10,44–46), visionären Erfahrungen (z. B. Apg 10,9–16) und im gemeinsamen Gebet und Brotbrechen (z. B. Apg 2,42), die sich wie ein roter Faden durch sie hindurchziehen. Weil die Geschichte der Kirche die Geschichte des Geistes ist, ist sie für den Verfasser der Apostelgeschichte eine Erfolgsgeschichte, die nicht scheitern *kann*. Mehrfach fasst er diese Vorstellung in Erzählungen über wundersame Befreiungen von Verkündigern aus dem Gefängnis (Apg 12,3–17; 16,23–40). Doch auch die Ermordung des Stephanus (Apg 7,54–60), die Hinrichtung des Jakobus (Apg 12,2) und der Tod des Paulus (vgl. Apg 20,37 f.) können daran nichts ändern. Sicher nicht zufällig ist das letzte Wort der Apostelgeschichte «ungehindert» (Apg 28,31).

Das Masternarrativ des Christentums, das der Verfasser der Apostelgeschichte entwirft, ist faszinierend – und riskant. Ein kleiner Schritt und aus der tragischen Entfremdung wird offener Hass zwischen Christen und Juden. Ein Dreh weiter und der Glaube an Christus wird zum nützlichen Teil der römischen imperialen Ideologie. Eine leichte Akzentverschiebung und aus der ungehinderten Verkündigung Jesu wird der Triumph der unbesiegbaren Kirche. Ein wenig Unachtsamkeit beim Lesen und aus einer Geschichte über männliche und weibliche, alte und junge, freie und versklavte, jüdische und nichtjüdische, griechische, äthiopische, kretische, lykaonische und noch viele weitere Menschen wird die «Apostelgeschichte», deren Helden ausnahmslos tapfere Männer sind.

Die Apostelgeschichte heute zu lesen bedeutet, sich der Faszination dieses ungeheuer farbigen, spannenden, im besten Sinne anspruchsvollen Buches hinzugeben – und gleichzeitig dem eben beschriebenen Risiko bewusst und verantwortungsvoll zu begegnen. Es erfordert einiges an

Aufwand, die komplexen religiösen, kulturellen und politischen Umstände, in denen die Apostelgeschichte geschrieben wurde, zu rekonstruieren und zu verstehen. Es ist eine grosse, beinahe endlose Aufgabe, nachzuvollziehen, welche Impulse die Apostelgeschichte in der Geschichte des Christentums immer wieder gegeben hat, aber auch, was für grässliches Unrecht mit ihr legitimiert wurde. Doch es lohnt sich. Denn dieses aufmerksame, (selbst-)kritische und offene Lesen der Apostelgeschichte führt zu der Frage, wie sich ihr Bild von der Kirche zu unseren heutigen Erfahrungen mit, Bildern von, Erwartungen an und Hoffnungen für die Kirche verhält. Es kann zur Grundlage werden, die Apostelgeschichte heute zu predigen.

Predigten

immer wi
n Gottes gesprochen. 4
neinsamen Mahl hat er ihnen geb
, nicht von Jerusalem wegzugehe
ndern zu warten auf die verheiss
abe des Vaters, die ich – so sagte e
euch in Aussicht gestellt habe. 5 D
Johannes hat mit Wasser getauft
ber werdet mit heiligem Geist g
schon in wenigen Tage
sammen wa

Unsere Kirche oder Gottes Reich?

Stefan Krauter

Predigt

«Jesus kündete das Reich Gottes an und gekommen ist die Kirche.» Das schrieb Anfang des 20. Jahrhunderts der katholische Theologe Alfred Loisy. Bitter enttäuschte Hoffnung und Sehnsucht spricht aus diesem Satz.* So eine grosse Idee: Gottes Reich kommt – jetzt! Und so eine nüchterne, bedrückende Realität: Eine Institution steht fett und unbeweglich da. Loisys Reformideen wurden vom Papst persönlich abgeschmettert. Er wurde exkommuniziert. Alle in seinem Umfeld knickten ein. Sie liessen ihn im Stich aus Angst um ihre Posten.

Inzwischen ist das 21. Jahrhundert schon zu einem Viertel vorbei. Und vielleicht müsste man den Satz ändern: «Jesus kündete das Reich Gottes an und die Kirche ist gekommen – und sie verschwindet wieder.» Ein heutiger katholischer Kollege von mir hat jedenfalls neulich den Zustand des Christentums in Europa mit einem anderen Zitat (von dem süddeutschen Politiker Wolfgang Schäuble) zusammengefasst: «Isch over.» Je nachdem, wie man zum Glauben steht,

---

* Vgl. Alfred Loisy: Evangelium und Kirche. Autorisierte Übersetzung nach der zweiten vermehrten, bisher unveröffentlichten Auflage des Originals von Johanna Grière-Becker, Kirchheim/München 1904, 112f.

hört man das mit noch bitterer Enttäuschung. Oder mit Genugtuung – «Endlich ist der fromme Spuk vorbei!» Oder mit völliger Gleichgültigkeit – «War da was? Kirche? Nie gehört, interessiert mich nicht.»

Wenn nun anscheinend die Geschichte der Kirche zumindest in Europa und Nordamerika mit raschen Schritten ihrem Ende entgegeneilt, vielleicht ist es da gut, sich noch einmal ganz genau den Anfang anzuschauen. Wie war das denn damals, als Jesus das Reich Gottes ankündigte – und die Kirche kam?

Lukas erzählt es folgendermassen:

Apg 1,1–8

1 In meinem ersten Buch, lieber Theophilus, habe ich berichtet
über alles, was Jesus zu tun und zu lehren begonnen hat, 2 bis zu
dem Tag, da er seinen Aposteln, die er erwählt hatte, durch den
heiligen Geist seine Weisung gab und in den Himmel aufgenom-
men wurde. 3 Ihnen hat er nach seinem Leiden auf vielfache Weise
bewiesen, dass er lebt: Während vierzig Tagen hat er sich ihnen
immer wieder gezeigt und vom Reich Gottes gesprochen. 4 Und
beim gemeinsamen Mahl hat er ihnen geboten, nicht von Jerusa-
lem wegzugehen, sondern zu warten auf die verheissene Gabe des
Vaters, die ich – so sagte er – euch in Aussicht gestellt habe.
5 Denn Johannes hat mit Wasser getauft, ihr aber werdet mit hei-
ligem Geist getauft werden, schon in wenigen Tagen. 6 Die, wel-
che damals beisammen waren, fragten ihn: Herr, wirst du noch in
dieser Zeit deine Herrschaft wieder aufrichten für Israel? 7 Er
aber sagte zu ihnen: Euch gebührt es nicht, Zeiten und Fristen zu
erfahren, die der Vater in seiner Vollmacht festgesetzt hat. 8 Ihr
werdet aber Kraft empfangen, wenn der heilige Geist über euch
kommt, und ihr werdet meine Zeugen sein, in Jerusalem, in ganz
Judäa, in Samaria und bis an die Enden der Erde.

Das klingt eigentlich nicht nach einem Unfall. Jesus wollte nach Ansicht des Lukas nicht etwas ganz anderes und dann kam – blöderweise – die Kirche. Lukas behauptet aber auch nicht, die Kirche sei die Erfüllung dessen, was Jesus angekündigt hat. Was Lukas hier schreibt, ist ein bisschen komplizierter – und viel spannender.

Jesus hat, so wird hier erzählt, in den vierzig Tagen nach seiner Auferstehung mit den elf noch übrigen Aposteln über nichts anderes geredet als vor seinem Tod: Gottes Königsherrschaft kommt. Gott befreit aus Not und Schuld, Einsamkeit und Versagen, Krankheit und Leiden. Gott versöhnt. Gott vollendet seine Schöpfung zu einem Leben, wie er es von Anfang an gewollt hat. Das grossartige Versprechen von Jesus hat sich nicht geändert: Jesus kündete das Reich Gottes an und er kündet es auch jetzt an. Und indem er es ankündigt, bricht es an und wird hier und jetzt wirklich.

Nicht anstelle dieser Ankündigung, sondern dazu kommt jetzt aber etwas Neues: «Ihr werdet Kraft empfangen, wenn der heilige Geist über euch kommt, und ihr werdet meine Zeugen sein, in Jerusalem, in ganz Judäa, in Samaria und bis an die Enden der Erde.» Die elf Apostel fangen an und andere machen weiter. Sie bezeugen dieses grossartige Versprechen von Jesus, dass das Reich Gottes jetzt kommt. Sie erzählen davon, dass sie dieses Versprechen bekommen haben und dass sie erlebt haben, wie es sich in ihrem Leben verwirklicht hat. Sie erzählen, wie sie traurig waren – und Trost bekamen. Sie geben zu, wenn sie Fehler gemacht haben – und trauen sich, es noch einmal und besser zu versuchen. Sie schämen sich nicht dafür, wenn sie schwach und unselbstständig sind – und sind dankbar für Hilfe. Sie freuen sich, wenn etwas richtig gut geklappt hat, und feiern es. Und vor allem: Sie sprechen aus, wer sie getröstet hat, wer ihnen verziehen hat, wer ihnen geholfen hat, wem sie danken. Nämlich Gott, der ihnen in Jesus begegnet ist. So sind sie Zeugen für Jesus.

Und damit geht eine ganz eigene Geschichte los: Die Geschichte der Kirche. Sie ist nicht die Fortsetzung der Geschichte von Jesus. Schon gar nicht ist sie die Erfüllung der Ankündigung von Jesus! Wenn es so wäre, dann wäre es in der Tat eine bittere Enttäuschung. Und zwar von Anfang an: Was Lukas ab Vers 9 seiner Apostelgeschichte erzählt, ist nun wirklich nicht das Reich Gottes. Denn er erzählt über Predigten, die zwar einige Leute begeistern, aber andere ärgern, verletzen und abstossen. Er berichtet über eine ganze Menge Bürokratie: von Apostelwahlen über Essensverteilung bis zur Geldverwaltung. Er drückt sich ein bisschen davor, zuzugeben, dass es richtig Streit gibt. Aber immerhin, er verschweigt nicht, dass es lange Versammlungen, schwierige Diskussionen und am Ende Abstimmungen braucht. Kurzum: Er beschreibt Kirche, wie wir sie auch erleben. Oft ganz okay, manchmal richtig toll, aber manchmal auch indiskutabel schlecht und beschämend.

Ich finde es spannend, dass Lukas gleich ganz am Anfang, am ersten Tag der Kirche, die elf Apostel den Fehlschluss ziehen lässt, der später in der Geschichte der Kirche so oft und mit so fatalen Folgen gezogen wurde: Sie fragen «Herr, wirst du noch in dieser Zeit deine Herrschaft wieder aufrichten für Israel?» Meint: Ist das dann die Erfüllung deines Versprechens? Stellen wir in der Kraft des Geistes das Gottesreich auf die Beine? Werden wir mit dir herrschen im Königreich deines Vaters? Jesus gibt ihnen eine klare Antwort: Nein!

Hätte die Kirche nur auf diese Antwort besser gehört! Dann hätte sie vielleicht besser verstanden, was ihre Aufgabe ist und was nicht. Vielleicht hätte sie sich weniger um ihren eigenen Machterhalt gedreht. Vielleicht hätte sie «bis an die Enden der Erde» nicht als Ermächtigung zur brutalen Ausbeutung aussereuropäischer Ethnien verstanden. Vielleicht hätte sie verstanden, dass Jesu Herrschaft kein Ende haben wird, kirchliche Strukturen aber sehr wohl. Vielleicht wäre sie ehrlicher mit Schuld und Versagen umgegangen, hätte auf Opfer gehört, statt Täter zu decken.

Ich will damit nicht sagen, alles sei falsch gelaufen. Sicher nicht. Wenn erklärte Kirchengegner behaupten, das Christentum habe in 2000 Jahren eine einzige Spur von Zerstörung hinterlassen, dürfen wir das sachlich und differenziert korrigieren. Und wenn völlig Desinteressierte gar nicht mehr wissen, was sie über diese 2000 Jahre nicht wissen, dürfen wir versuchen, es ihnen ohne Übertreibung und Grosstuerei deutlich zu machen.

Trotzdem sollten wir uns, glaube ich, ehrlich dem stellen, was falsch gelaufen ist und falsch läuft. Sonst verheddern wir uns in Rückzugskämpfen und Apologetik. Oder wir jammern angeblich besseren Zeiten hinterher. Oder wir stilisieren uns zum letzten Trupp der Aufrechten und grenzen uns immer schärfer von der bösen Welt ab. Solche Reaktionen erlebe ich allzu oft. Ich verstehe sie – und ich mache das selbst auch immer wieder. Aber so menschlich verständlich diese Reaktionen sind, sie sind nicht hilfreich.

Hilfreich ist Ehrlichkeit und Klarheit – und der Blick zurück ganz an den Anfang. Denn da sehen wir, was unser Auftrag ist und was das Versprechen ist. Jesus kündet das Reich Gottes an. Wo er zu uns redet, bricht es an. Es wächst und verwandelt und vollendet die Welt hin zur endlosen Herrlichkeit Gottes. Wir haben einen Auftrag: darüber zu reden. Das tun wir am besten möglichst schlicht, in einfachen, ehrlichen Worten und durch freundliches, zugewandtes Verhalten. Das tun wir nicht allein, sondern in einer Gemeinschaft, als Kirche. So sind wir Zeugen und Zeuginnen für Jesus. Nicht mehr, aber auch nicht weniger.

Gebet

Gott, wir sehen, wie christliche Traditionen in unserer Gesellschaft lautlos zerbröseln. Manchmal ist die Reaktion Trotz, manchmal sind es hochfliegende Pläne, manchmal ist es auch nur geschäftiges Weitermachen, als ob nichts geschähe. Aber Du gibst uns einen Auftrag. Hilf uns, ihn in der Kraft des Geistes treu zu erfüllen.

Christinnen und Christen und die Kirchen als Institutionen haben Unrecht getan und tun es immer noch: durch Diskriminierung und Verfolgung, durch Predigten, die zum Hass aufstacheln, statt Liebe zu verkündigen. Vergib, Gott, und schenke Einsicht, Mut zum Umdenken und Kraft zur Veränderung.

Du richtest Dein Reich in Herrlichkeit auf. Es ist schwer zu ertragen, wie viel Leid von Menschen, Kreaturen, ja der ganzen Welt dagegen spricht. Wir hätten es gerne schneller, sichtbarer. Wir bitten Dich für alle Geschöpfe in Not um Deine Hilfe und Deinen Trost. Wir bitten Dich um Geduld, Mitgefühl und Verstand, damit wir da mithelfen, wo wir können.

Dein Reich kommt – unaufhaltsam bis an die Enden der Erde und zum Ende der Zeit. Darauf vertrauen wir und hoffen wir.

Kopf hoch!

Ralph Kunz

Apg 1,10–14

10 Und während sie ihm unverwandt nachschauten, wie er in den Himmel auffuhr, da standen auf einmal zwei Männer in weissen Kleidern bei ihnen, 11 die sagten: Ihr Leute aus Galiläa, was steht ihr da und schaut hinauf zum Himmel? Dieser Jesus, der von euch weg in den Himmel aufgenommen wurde, wird auf dieselbe Weise wiederkommen, wie ihr ihn in den Himmel habt auffahren sehen. 12 Da kehrten sie vom Ölberg nach Jerusalem zurück; dieser liegt nahe bei Jerusalem, nur einen Sabbatweg weit weg. 13 Und als sie in die Stadt kamen, gingen sie in das Obergemach, wo sie sich aufzuhalten pflegten: Petrus, Johannes, Jakobus und Andreas; Philippus und Thomas; Bartolomäus und Matthäus; Jakobus, der Sohn des Alfäus, Simon der Eiferer und Judas, der Sohn des Jakobus. 14 Dort hielten sie alle einmütig fest am Gebet, zusammen mit den Frauen, mit Maria, der Mutter Jesu, und mit seinen Geschwistern.

Predigt

Beim Zeitunglesen bin ich über einen interessanten Lehrsatz der *Konjunkturforschung* gestolpert: «Zuerst gibt es eine *Geschichte*. Die *Geschichte* erzeugt eine *Herde*. Die *Herde* erzeugt einen *Boom*.»

Konjunkturforschende interessieren sich für den Boom. Logisch! Wer *vor* dem Boom investiert, macht nachher mehr

Profit. Es lohnt sich also, *gute Geschichten* zu erzählen und dann auf die *richtige Herde* zu setzen.

Der Einsatz von Storytelling wird narratologisches Engineering genannt – ein Know-how, wie man mit erzählerischen Elementen spielen kann. Man fügt ein «Narrem» zum andern. Das sind die kleinsten Bausteine. Und dann gibt es ein paar «Masterstorys», die immer funktionieren: die Suche, die Verfolgung, die Rache, das Abenteuer und die Rettung.

Das hört sich nach einem Erfolgsrezept an, von dem auch die Kirche lernen könnte. Ich habe den Artikel verschlungen! Und bin beim Verdauen ins Grübeln gekommen. Wir haben doch eine gute – eine wirklich gute Story – und ein paar Herden sehe ich auch. Aber wo bleibt der Boom?

Nun, Konjunkturforschung beschäftigt sich auch mit Pleiten. Vielleicht lässt sich auch daraus etwas lernen? Zum Beispiel aus der Geschichte von *Chopfab* – einem Bier aus Winterthur. Es ist gut, es ist noch jung und es hat geboomt. Hunderttausend Flaschen werden jeden Tag produziert. Aber letzte Woche kam die Nachricht. Nicht Boom, sondern Bumm, nicht Cash, sondern Crash. Die Produzierenden haben sich übernommen, zu viel investiert, die Zeichen nicht erkannt, Schulden angehäuft. Der Name war eine Bieridee. *Chopfab!* Aber die Pointe kommt erst: *Quöllfrisch* übernimmt die Brauerei.

Wir haben in der Apostelgeschichte gelesen und eine Szene vom Anfang vor Augen. Jesus ist aufgefahren. Und zwei Engel haben eine Botschaft an die Jünger und Jüngerinnen, die fast ein wenig rüde klingt. «Schaut nicht in den Himmel. So wie er gegangen ist, so wird er wieder kommen!»

Und das war's schon. Das ist alles. Keine Instruktion, keine Strategie, kein Marschbefehl. Kein Engineering. Fast ein wenig Déjà-vu für drei der Jünger. Auf dem Berg der Verklärung war es auch so. Und die kleine Herde geht dorthin, wo sie sich mit ihrem Freund und Meister zum letzten Mal getroffen haben. Sie kehren zurück vom Ölberg, wandern in die Stadt zum messianischen Hauptquartier, steigen hinauf ins Obergemach. Das ist auffällig! Wieso betont Lukas den Weg und den Ort?

Der Storytelling-Experte erklärt. Das ist ein spezieller Masterplot – eine sogenannte narrative Rekursion – das Motiv des erzählenden Weges oder Hauses.

Man erzählt von einem Haus, dann erzählt das Haus die Geschichte, zum Beispiel von Menschen, die sich in ihren Innenräumen versammeln, um eine Verschwörung zu planen oder eine grosse Liebe zu beginnen. So funktionieren Spukhausstorys. Das alte Haus von *Rocky Docky* zum Beispiel flüstert, ächzt und seufzt. Es hat schon viel erlebt.

Und das Obergemach? Es weckt sicher Erinnerungen. An das letzte Mahl, als sie mit ihm zusammen waren, an die Nacht, in der er verraten wurde. An seine Stimme. Hier sass er, brach das Brot, dankte, sagte: Das ist mein Leib für euch gegeben, ich trinke nicht vom Wein, bis ich wiederkomme …

Hier sind sie wieder. Lukas zählt alle elf Jünger beim Namen auf und fügt die Frauen und Maria, die Mutter Jesu, und die Brüder Jesu ins Bild. Seine Familie, seine Herde. Versammelt durch die gemeinsame Geschichte mit ihm, Zellkern der Kirche, Senfkorn der Hoffnung. Was für eine Truppe! Und was tun sie? Sie beten.

Mit anderen Worten: Sie wissen nicht, was als Nächstes kommt. Sie haben noch keinen Schimmer, was ihnen bevorsteht. Wie es weitergehen soll. Sie beten in heiliger Ratlosigkeit, erwarten getrost, was kommen mag. Es sollten vierzig Tage werden bis Pfingsten. Eine Quarantäne, in der sie *nichts* tun.

«Zuerst gibt es eine *Geschichte*. Die *Geschichte* erzeugt eine *Herde*. Die *Herde* erzeugt einen *Boom.*» Sagt der Lehrsatz. Aber ob er sich bewahrheitet, hängt von der Geschichte ab. Ob wir ihr etwas zutrauen.

Und was die biblische Geschichte angeht, gibt es einen entscheidenden Unterschied zwischen der Herde im Obergemach und unserer Herde hier. Ihre Herde war noch klein und wurde grösser, unsere war einmal gross und wird immer kleiner. Sie waren jung und wir wurden alt. Die Steine flüstern es. Das Haus erzählt es. Die Spatzen pfeifen es von den Dächern. Und wir hören die Pleite-Geschichte.

Wir haben uns übernommen, die Zeichen nicht erkannt, Schulden angehäuft. Jetzt geht's uns wie *Chopfab*.

War's das schon? Ist das alles? Gehen wir ins Obergemach! Niemand, kein Mensch bei gesundem Verstand und schon gar keine Konjunkturforscherin hätte der Geschichte vom Galiläer zugetraut, dass sie eine Herde versammelt, die einen Boom erzeugt. Und doch ist es so gekommen. Offensichtlich ist eine Kraft im Spiel, die den Gesetzen des Engineerings trotzt.

Es gibt Momente im Leben. Wir hören nur Bumm und sehen nur Crash – aber da sind auch Ritzen, durch die das Licht eindringt.

Es beginnt etwas Neues, aber wir sehen es noch nicht. Es wächst in uns eine Überzeugung – er hat sich nicht in Luft aufgelöst, er ist hinauf und kommt bald wieder. Und dieses Bald dehnt sich, wird ein Raum, in dem wir wieder Hoffnung schöpfen.

Ich habe mich ein halbes Leben lang mit Fragen der Kirchenentwicklung beschäftigt. Das sind beinahe vierzig Jahre. Ich komme immer mehr zur Überzeugung, dass uns ein wenig mehr heilige Ratlosigkeit gut täte: Könnte es sein, dass die Geschichte vom Übergang am Anfang ein Fingerzeig für unseren Übergang ist? Und die Quarantäne eine Zeit der Transformation, um sich für das Abenteuer zu rüsten? Beginnen nicht die messianischen Jahre Jesu mit vierzig Tagen in der Wüste?

Wann habe ich das zuletzt getan? Nichts *tun!* Mit anderen zusammen. Wann bin ich mit anderen ins Obergemach, um einmütig zu beten, nicht wissend, was als nächstes kommt, und doch getrost wartend, auf das, was kommen mag, dass *Quöllfrisch Chopfab* übernimmt. Kopf hoch – er kommt bald!

Amen

Gebet

Gott
Dein Reich komme
Dein Wille geschehe, im Himmel wie auf Erden
Vergib uns unsere Schuld
Wir haben uns übernommen
Uns zu viel und Dir zu wenig zugetraut

Gott
Dein ist das Reich
Und Dein ist die Kraft
Auch in Zeiten des Übergangs
In denen wir ratlos sind

Gott
Ich will von Dir lernen
Erwartungsvoll ratlos zu sein
Frei von Erwartungen Deinen Rat zu hören
Mit anderen zusammen
In Deinem Namen
Von frischen Quellen zu schöpfen

Amen

Neuwahlen

Avi Girschweiler

Apg 1,15–26
*15 Und in diesen Tagen stand Petrus im Kreis der Brüder auf – es
waren etwa hundertzwanzig Personen versammelt – und sprach:
16 Brüder! Das Schriftwort musste in Erfüllung gehen, das der
heilige Geist einst durch den Mund Davids gesagt hat über Judas,
der zum Anführer derer geworden ist, die Jesus verhafteten, 17 da
er ja zu uns gehörte und am gleichen Dienst teilhatte. 18 Dieser
kaufte von dem Lohn für seine Untat ein Grundstück; dort stürzte
er, riss sich den Leib auf, und alle seine Eingeweide quollen heraus. 19 Und das wurde allen Bewohnern Jerusalems bekannt; von
daher heisst jenes Grundstück in der Sprache der Einheimischen
Hakeldama, das heisst ‹Blutacker›. 20 Es steht nämlich geschrieben im Buch der Psalmen: Sein Gehöft bleibe leer, und niemand
wohne dort, und: Sein Amt erhalte ein anderer. 21 Es muss also
einer von den Männern, die uns begleitet haben die ganze Zeit, da
Jesus, der Herr, bei uns ein und aus ging, 22 vom Tag der Taufe
durch Johannes bis zu dem Tag, da er von uns weg in den Himmel
aufgenommen wurde, mit uns Zeugnis von seiner Auferstehung
ablegen – einer von diesen hier. 23 Da stellten sie zwei auf, Josef,
genannt Barsabbas, mit dem Beinamen Justus, und Matthias.
24 Und sie beteten: Du, Herr, der du die Herzen aller kennst,
zeige uns, welchen von diesen beiden du erwählt hast, 25 diesen
Dienst zu übernehmen, das Apostelamt, von dem sich Judas abge-
wandt hat, um dorthin zu gehen, wo sein Platz ist. 26 Und sie
zogen das Los, und das Los fiel auf Matthias. Und er wurde zu den
elf Aposteln hinzugewählt.*

Die nächsten zwei Tage sind wichtige Tage für die Theologische und Religionswissenschaftliche Fakultät. Es geht um die Neubesetzung der Professur für Hebräische Bibel / Altes Testament. Diese Person wird unsere Fakultät in den nächsten Jahren und Jahrzehnten mitprägen. Weil das der Fakultät bewusst ist, sind an diesem Prozess viele beteiligt. Die Fachschaft kann ein Wort mitreden, und auch wir als Studierende dürfen unsere Eindrücke einbringen. Das ist schön!

Fünf Personen stehen zur Auswahl. Aus diesen fünf sollen wir die beste Auswahl treffen. Auch schön, aber schwierig. Denn wer ist die/der Beste? Nach welchen Kriterien soll die neue Stelle besetzt werden? Ist es die Person, deren Forschung am besten zu den Schwerpunkten des Instituts passt? Die, welche die beste Didaktik hat? Die mit dem besten Renommee? Soll die Person innovativ sein und unser Denken herausfordern? Müssen wir sie mögen? Oder soll sie einfach alles ziemlich gut können?

Diese Fragen werden in den nächsten zwei Tagen verhandelt werden, in Vorträgen, Fragerunden, Kommissionssitzungen und beim Mittagessen.

Ein Seitenblick in die Kirche zeigt: Dort ist die Auswahl bei Neubesetzungen jeweils klein. Oft kann man froh sein, wenn sich überhaupt jemand bewirbt. Nach Kompetenzen und Eignung fragen – können wir uns diesen Luxus leisten?

Die kleine Schar, die sich in der Apostelgeschichte in einem Obergemach eingefunden hat, hat weder das eine noch das andere Problem. Für die Neubesetzung, um die es hier geht, stehen zwei Personen zur Auswahl.

Das ist eine dankbare Zahl; genug wenig, um sich nicht zu lange den Kopf zu zerbrechen, und genug viel, um nicht den Eindruck zu erwecken, dass man den Erstbesten gewählt hat. Aber in der Wahrnehmung der Anwesenden steht eine viel grössere Aufgabe an als für unsere Fakultät und für Kirchgemeinden: Sie sollen jemanden ersetzen, den Jesus selbst berufen hatte. Der hatte seine eigene Art, die Leute in die Nachfolge zu rufen. Er ging auf die Menschen zu und sagte: «Folge mir nach!». Ganz ohne Bewerbungsverfahren, aber mit einem unwiderstehlichen Selbstbewusstsein, mit einer Vollmacht.

Mit derselben Vollmacht soll die kleine Schar die entstandene Lücke füllen. Ich frage mich: warum eigentlich? Warum braucht es einen Neuen? Und wie kann es sein, dass man über diese grosse Entscheidung das Los wirft?

Um zu verstehen, warum es so wichtig ist, dass Judas ersetzt wird, müssen wir «rauszoomen». Die Apostelgeschichte will eine Brücke sein, die einen Übergang in der Heilsgeschichte beschreibt von der Zeit Jesu auf Erden zur Zeit der Gemeinde, die seinen Auftrag weiterführt. Die Jünger:innen Jesu stehen ganz am Anfang dieses Übergangs, in einem Zustand der Unsicherheit.

In einer solchen Zeit braucht es Kontinuität. Die Jünger:innen brauchen die Gewissheit, dass Gott treu ist und seine Verheissung wahrmacht. Zu diesem Zweck hat Jesus zwölf Menschen berufen. Zwölf deshalb, weil sie die zwölf Stämme Israels in Erinnerung rufen und damit symbolisieren, dass Gottes Wirken in der Welt weitergeht und sich von Israel aus über die ganze Erde erstreckt.

Diese Verheissung steht jetzt auf dem Spiel. Wir zählen nicht zwölf, sondern elf Menschen. Einer fehlt. Einer, der zu den Vertrauten Jesu gehörte, und ihn verraten hat: Judas.

Über diesen Verrat sind die Anwesenden nicht hinweg. Im Text ist eine grosse Wut spürbar. Zurecht ist er gestorben, spuckt Petrus aus, der Verräter ist verreckt!

Für die Jünger:innen ist der Tod Jesu wenige Wochen her. Ganz frisch noch sind die Erinnerungen, die Trauer und die Enttäuschung, die Verwirrung und die Freude, eine absolute Ausnahmesituation. Ein Freund, ihr eigener Freund, hat Jesus verraten. Weil er die Gemeinschaft gefährdet hat, wird Judas zum Sündenbock. Die Enttäuschung der Gruppe schlägt in Hass und Schadenfreude um – ungeheuerlich!

Es wird klar: Das Vertrauen ist erschüttert. Da stellt sich die Frage: Wer soll Judas ersetzen? Wem kann man diese monumentale Aufgabe anvertrauen?

Die Situation dieser kleinen Gemeinde ist prekär; mitten im Gefühlschaos, im Wissen um die Grösse ihrer Aufgabe, müssen sie eine Entscheidung fällen. Aber ohne ihren Jesus. Und ohne den heiligen Geist, den er ihnen versprochen hat – wir stehen noch vor Pfingsten. Da ist eine Lücke, die gefüllt werden muss, aber es fehlt an Vollmacht, niemand hat die Kompetenz, diese Entscheidung zu treffen.

Plötzlich scheint es gar nicht so abwegig, das Los zu werfen. Nach reiflicher Überlegung und sorgfältigem Abwägen lassen sie die Hauptperson unserer Geschichte entscheiden: Gott. Die Szene erzählt von einer Balance, die typisch ist für die Apostelgeschichte, vom Zusammenwirken von Menschen und Gott. Bei allem Gemeindeaufbau, bei aller Innovation, von der die Geschichte erzählt, gibt es Momente der Ungewissheit, die Vertrauen erfordern. Vertrauen darauf, dass Gott sein Heil in die Welt bringt, durch alle menschlichen Verstrickungen, den Verrat, den Hass, die Ungewissheit und die Abwägungen hindurch.

Liebe Geschwister, es stehen Entscheidungen an, grosse und kleine; nicht nur an der Fakultät, auch in unseren Wohngemeinschaften, in der Kirche, in der Politik. Für Entscheidungen braucht es Weisheit, gute Argumente und Demokratie. Wir müssen nach Kompetenzen, Eignung und Verfügbarkeit fragen. Aber Entscheidungen sind auch mit Ungewissheit verbunden. Sie geschehen manchmal unter Druck, in Zeiten der unsicheren Übergänge. Bei diesen Schritten ins Ungewisse brauchen wir etwas, das über unser Verstehen hinausgeht:

Geistesblitze. Losglück. Vertrauen in einen Gott, der seine Verheissung wahrmacht und seinen Frieden in die Welt bringt.

Es ist dieses Vertrauen, das in der Bitte der Gemeinde in V. 24 und 25 liegt: «Du Herr, der du die Herzen aller kennst, zeige uns, welchen von diesen beiden du erwählt hast, diesen Dienst zu übernehmen.»

Amen

Gebet

Gott, unser Alltag ist voller Entscheidungen. Sie verlangen uns viel ab. Oft überfordern sie uns.

Ich bitte Dich um Deinen Beistand in Zeiten der Ungewissheit. Schenke uns Besonnenheit, wenn wir unter Druck sind. Schenke uns Zeit, um aufeinander und auf Dich zu hören und weise zu entscheiden.

Gott, Du kennst auch unsere Abgründe und unsere Verbitterung über vergangene Enttäuschungen.

Ich bitte Dich, bewahre uns davor, unsere Verunsicherung an anderen auszulassen. Lass nicht zu, dass wir Mitmenschen zu Sündenböcken machen und entmenschlichen.

Erlöse uns von dem Bösen. Zeige Deine Treue zu uns Menschen.
Lenke unsere Entscheidungen.

Amen

Grenzüberschreitungen

Franz Tóth

Apg 2,1–13
1 Als nun die Zeit erfüllt und der Tag des Pfingstfestes gekommen
war, waren sie alle beisammen an einem Ort. 2 Da entstand auf
einmal vom Himmel her ein Brausen, wie wenn ein heftiger Sturm
daherfährt, und erfüllte das ganze Haus, in dem sie sassen; 3 und
es erschienen ihnen Zungen wie von Feuer, die sich zerteilten,
und auf jeden von ihnen liess eine sich nieder. 4 Und sie wurden
alle erfüllt von heiligem Geist und begannen, in fremden Sprachen
zu reden, wie der Geist es ihnen eingab. 5 In Jerusalem aber wohn-
ten Juden, fromme Männer aus allen Völkern unter dem Himmel.
6 Als nun jenes Tosen entstand, strömte die Menge zusammen,
und sie waren verstört, denn jeder hörte sie in seiner Sprache
reden. 7 Sie waren fassungslos und sagten völlig verwundert:
Sind das nicht alles Galiläer, die da reden? 8 Wie kommt es, dass
jeder von uns sie in seiner Muttersprache hört? 9 Parther und
Meder und Elamiter, Bewohner von Mesopotamien, von Judäa
und Kappadokien, von Pontus und der Provinz Asia, 10 von
Phrygien und Pamphylien, von Ägypten und dem kyrenischen
Libyen, und in der Stadt weilende Römer, 11 Juden und Prosely-
ten, Kreter und Araber – wir alle hören sie in unseren Sprachen
von den grossen Taten Gottes reden. 12 Sie waren fassungslos,
und ratlos fragte einer den andern: Was soll das bedeuten?
13 Andere aber spotteten und sagten: Die sind voll süssen Weins.

Wir stehen am Ende des Semesters. Noch ein letzter Gottesdienst, bevor wir alle in die Sommerferien starten.* Für einige beginnt vielleicht nun der Ernst des Lebens, der Einstieg in die Arbeitswelt, in neue Verpflichtungen, neue Herausforderungen. Ein Moment voller Grenzüberschreitungen.

Der heutige Predigttext passt da gut hinein: Es geht um Pfingsten und damit um etwas grundlegend Neues im Leben der noch sehr jungen Jesusbewegung.

Die Jünger und Jüngerinnen Jesu trafen beim jüdischen Erntedankfest in Jerusalem auf Menschen aus aller Herren Länder. Bewegt vom heiligen Geist, begannen sie in den Sprachen dieser Völker zu reden. Das geschah 50 Tage nach Ostern, daher der Name Pfingsten, griechisch «pentekoste», also «fünfzig».

Pfingsten wird daher auch gerne als der Geburtstag der Kirche bezeichnet. Zugleich feiern wir an Pfingsten die Ausgiessung des heiligen Geistes.

Es ist also ein bedeutendes Ereignis, was da in Apg 2 erzählt wird; worum geht es aber genau?

Ich denke, es geht im Wesentlichen um Grenzüberschreitungen und Grenzüberwindungen. Drei Aspekte scheinen mir besonders wichtig zu sein:

Erstens: Gesellschaftliche Grenzüberschreitungen

Pfingsten war ursprünglich ein jüdisches Fest – das Wochenfest (hebr. *Schawuot*), bei dem die ersten Erntegaben gefeiert wurden, im Grunde also ein Erntedankfest oder jüdisches Thanksgiving. *Schawuot* galt als Wallfahrtsfest, so dass viele

---

* Predigt im Rahmen des letzten *Evensong* am 29. Mai 2024 im Fraumünster Zürich.

jüdische Menschen aus aller Welt nach Jerusalem kamen – also eine Art riesiges internationales Festival, ein riesiges multikulturelles Meetup.

Die Wurzeln von Pfingsten sind jüdisch. Jetzt, besonders in Zeiten, in denen antisemitische Tendenzen wieder hochkochen, ist es wichtig, daran zu erinnern: Pfingsten hat jüdische Wurzeln.

An diesem speziellen Pfingsten 50 Tage nach der Auferstehung passierte nun etwas Unglaubliches: Menschen aus verschiedenen Nationen hörten die Jünger und Jüngerinnen in ihren eigenen Sprachen reden. Kein nerviges «Wie bitte?», kein Google Translate ist nötig.

Die Jünger und Jüngerinnen sprechen in fremden Zungen, und Menschen aus den unterschiedlichsten Kulturen und Ländern verstehen sie in ihrer eigenen Sprache. Das ist eine echte Grenzüberschreitung.

In einer Zeit, in der wir wieder mehr Nationalismen und Grenzziehungen sehen, zeigt Pfingsten, wie schön es ist, wenn Grenzen überwunden werden und echte Verständigung möglich ist.

Christinnen und Christen sprechen die Sprache der Menschen – oder: wie Luther es ausdrückte, schauen den Menschen aufs Maul. Das war und sollte bleibend ein Kennzeichen der Kirche sein: die Sprache der Menschen sprechen, sie verstehen, mit ihnen reden.

Pfingsten zeigt uns, dass wir sprachliche, gesellschaftliche, soziale Grenzen überwinden können.

Zweitens: Die räumliche Grenzüberschreitung

Das Brausen aus dem Himmel kündigt es an: Plötzlich kommt der heilige Geist über die Leute, die Himmelstüren öffnen sich – gleichsam ein göttlicher Live-Stream. Jeder fühlt sich mit etwas Grösserem verbunden – ein offenes WLAN, das jeder nutzen kann, um sich zu verbinden.

Durch den Geist werden die Grenzen zwischen Himmel und Erde durchlässig. Petrus verweist dann auch später in seiner Predigt auf ein himmlisches Ereignis, nämlich die Erhöhung Jesu zur Rechten Gottes und erklärt, dass die Ausgiessung des Geistes sichtbares Zeichen eben jenes himmlischen Geschehens ist.

Die Jünger und Jüngerinnen waren überzeugt: Da ist etwas Grösseres, Transzendentes. Die Welt wird plötzlich viel weiter und wir sind alle ein Teil davon. Da ist eine Quelle der Kraft, die Mut und Orientierung gibt. Pfingsten heisst: Da gibt's mehr, viel mehr, als wir uns vorstellen können.

Und dann gibt es noch – drittens – eine zeitliche Grenzüberschreitung

Pfingsten ist die Konsequenz aus der Auferstehung Jesu. Ohne Auferstehung kein Pfingsten. Dabei steht die Auferstehung Jesu für eine ultimative zeitliche Grenzüberschreitung. Jesus tritt ohne Ende und ohne Veränderung für uns ein, immer wieder und für immer. Jeden Tag, jeden Moment, jetzt und jetzt … und jetzt auch. Und morgen auch. Diese Hoffnung und dieser Glaube tragen uns durch alle Zeiten und Veränderungen. Durch die Auferstehung Jesu ist da eine bleibende Verbindung, ein Versprechen, das über den Tod hinausreicht. Es ist wie ein ewiger Support-Chat, der nie offline geht, eine «KI», die nicht nur immer ansprechbar, sondern auch vertrauenswürdig ist.

Pfingsten setzt fort, was in der Auferstehung begonnen hat: die Einlösung eines Versprechens, das bleibt.

Schluss

Pfingsten hat also jüdische Wurzeln, die wir feiern sollten, besonders in einer Zeit, in der antisemitische Vorfälle zunehmen.

Und es ist ein Fest, das über die Grenzen hinausgeht und uns alle einlädt, unabhängig von unserer Herkunft. Es erinnert uns daran, dass wir Teil einer grösseren Geschichte sind, einer Geschichte, die uns über uns hinausführt und uns mit etwas Grösserem verbindet.

Dabei sind wir mit einem Spirit beschenkt, einer Kraft, um Grenzen zu überwinden und Neues zu schaffen.

Das Semester ist vorbei, aber unser Weg geht weiter. Ob im Studium, im Beruf oder im Leben: Die besten Geschichten entstehen immer, wenn wir – um Himmels willen – Grenzen überschreiten. Lasst uns Grenzen überwinden, Türen öffnen und neue Wege gehen!

Gebet

Guter Gott
Wir danken Dir für das Pfingstfest,
für Deinen Geist, der Leben weckt und Neues schafft.

Du überschreitest Grenzen –
zwischen Sprachen, Kulturen und Menschen.
Du öffnest Türen, die verschlossen scheinen,
und schenkst uns Mut, aufeinander zuzugehen.

Wir bitten Dich:
Lass uns Deine Sprache der Liebe sprechen,
damit Menschen einander verstehen.
Schenke uns die Kraft, Grenzen zu überwinden,
wo Mauern zwischen Völkern, Religionen und Generationen wachsen.

Begleite uns in den neuen Aufgaben, die vor uns liegen:
im Studium, im Beruf, in unseren Beziehungen.
Lass uns spüren, dass Dein Geist uns trägt –
heute, morgen und alle Tage unseres Lebens.

Amen

Eine christliche Gemeinschaft

Lea Gut

Apg 2,42–47
42 Sie aber hielten fest an der Lehre der Apostel und an der
Gemeinschaft, am Brechen des Brotes und am Gebet. 43 Und
Furcht erfasste alle: Viele Zeichen und Wunder geschahen durch
die Apostel. 44 Alle Glaubenden aber hielten zusammen und hat-
ten alles gemeinsam; 45 Güter und Besitz verkauften sie und
gaben von dem Erlös jedem so viel, wie er nötig hatte. 46 Einträch-
tig hielten sie sich Tag für Tag im Tempel auf und brachen das
Brot in ihren Häusern; sie assen und tranken in ungetrübter
Freude und mit lauterem Herzen, 47 priesen Gott und standen in
der Gunst des ganzen Volkes. Der Herr aber führte ihrem Kreis
Tag für Tag neue zu, die gerettet werden sollten.

Predigt

Vor einigen Jahren, auf einer gemeinsamen Reise mit meinem Mann, sind wir auf einer kleinen Insel in Thailand gelandet. Im Reiseführer war sie knapp mit Namen erwähnt und weckte in uns die Hoffnung des Unentdeckten, Authentischen.

Auf der Insel angekommen, machten wir die Bekanntschaft mit anderen Suchenden: einer Handvoll anderer Reisender, zufällig Menschen aus der Schweiz.

Zwei Kinder der Gruppe fanden uns interessant. So wurden wir Teil der kleinen Gemeinschaft.

Sie weihten uns in ihren Lebensrhythmus ein:

Um 6 Uhr weckte uns jeweils der Hahn hinter dem sehr bescheidenen Bungalow oder der sechsjährige Nachbarsjunge, der *Yahtzee* spielen wollte.

Am Vormittag wurde nichts getan, gelesen oder – ich erinnere mich, wie einmal alle aus Teilen einer gebrauchten PET-Flasche einen kunstvollen Dekofisch bastelten, der dann über dem Eingang der Bungalows baumelte.

Am Nachmittag spielten wir Volleyball mit Einheimischen und abends ging es zum Abendessen einmal quer über die Insel. Dabei redeten wir über unsere Lebensphilosophien – und wir hörten viel zu. Die anderen Schweizerinnen und Schweizer hatten ihr Leben bewusst danach ausgerichtet, ihren ganzen Winter auf der Insel zu verbringen. Sie hatten einen Job bei der Post. So mussten sie nur jeweils ein halbes Jahr arbeiten, um dann die andere Hälfte abseits vom Rummel der Welt im Einklang mit der Natur zu leben. Erich, ein älterer Mann, hielt hartnäckig an diesem Lebensstil fest. Er hatte schon länger seinen Fuss gebrochen und humpelte beträchtlich. Es hätte aber weit mehr gebraucht als diese Verletzung, um ihn von der Insel wegzubringen. Als wir wieder abreisten, liessen wir ihm unsere Packung Schmerzmittel da.

Und diese Abreise ist mir lebhaft in Erinnerung: Alle winkten vom Strand aus, das zweijährige Mädchen weinte und auch ich war traurig.

Mir waren diese Menschen ans Herz gewachsen.

Es war gar nicht so viel, das uns verbunden hat – die Suche nach dem authentischen Flecken Erde, die Sehnsucht nach Einfachheit und das Interesse an alternativen Lebensentwürfen. Zusammen mit dem besonderen Ort war das genug, um Gemeinschaft zu stiften.

Zu Beginn haben wir sechs Verse aus der Apostelgeschichte gehört. In ihnen geht es um die christliche Gemeinschaft.

Lukas beschreibt, was diese Menschen, die von Christus ergriffen sind, verbindet und auszeichnet. Er zeigt, was ihnen wichtig ist, wie sie leben und auf wen und was sie sich beziehen.

Indem er an das «goldene Zeitalter» der ersten Christinnen und Christen erinnert, stärkt Lukas die Identität und den Zusammenhalt der Gemeinde seiner eigenen Zeit. So fühle auch ich mich angesprochen von diesen Versen, als eine Christin, die Lukas' Worte in ihrer Zeit, in ihrer Gemeinde hört.

Lukas hatte meiner Meinung nach nicht die Absicht, diese Worte als Gemeinderegeln zu implementieren. Es ist offensichtlich, dass er ein Ideal beschreibt. Ich glaube aber, dass dieses idealisierte Bild einer christlichen Gemeinschaft Orientierung geben kann, Inspiration und eine Ahnung davon, was sein könnte.

Ich gebe nun dieses Idealbild einer christlichen Gemeinschaft in eigenen Worten wieder. Lassen Sie es auf sich wirken.

Wir Christinnen und Christen

Wir leben aus der Erinnerung an die Zeit mit Jesus. Eigentlich könnte man sagen, dass wir seine Geschichte weiterleben. Täglich gehen wir in den Tempel – das fordert schon etwas Disziplin.

Wir treffen uns in den Häusern, wie damals mit Jesus, zum Essen, um Menschen besser kennenzulernen, zum Reden. Wir reden über ihn und darüber, was sein Tod und seine Auferstehung für uns bedeuten, und auch über das, was er seinen Jüngerinnen und Jüngern beigebracht hat. Oft hat Jesus ja auch während Mahlzeiten Geschichten erzählt oder Erstaunliches gemacht. So viel überraschende, kompromisslose Liebe dringt durch diese Erzählungen –

zum Beispiel, wie er mit dem Zöllner umgegangen ist oder mit der Frau, die ihm die Füsse gesalbt hat.

Ein besonderer Moment ist dann jeweils, wenn jemand das Brot bricht und es verteilt. Diese Handlung drückt die tiefe Verbundenheit mit Jesus aus, die auch uns miteinander verbindet.

Wir beten zusammen und danken Gott. Das Loben und Preisen wird manchmal fröhlich und ausgelassen. Es ist unglaublich, diese Hoffnung und Energie, die wir vom heiligen Geist erhalten haben! Unmöglich, nicht davon zu schwärmen und zu erzählen. Und dann all diese Menschen, die so zu uns stossen – wir können nur staunen!

Auch mit den anderen Menschen der Stadt haben wir einen respektvollen Umgang.

Sie achten uns.

Klar ist uns allen, dass Gott nicht will, dass jemand hungern muss oder zu wenig hat. Darum teilen wir, was wir haben und geben von dem, was wir haben, dort, wo es nötig ist. Und ganz wichtig: Wir halten zusammen und setzen uns füreinander ein, egal was kommt.

In mir wecken diese Worte eine Sehnsucht. Eine Sehnsucht nach ganzheitlicher Gemeinschaft, mit Essen und Trinken, Zusammensein, Zeit haben. Sehnsucht nach einer Gemeinschaft in Verbundenheit mit Jesus, seinem Leben, seinem Tod, seiner Auferstehung.

Ich lasse mich von diesen Worten herausfordern, hartnäckiger Raum zu schaffen für Gebet und für Dankbarkeit, Raum auch für das Leben der Menschen um mich herum.

Die Worte über die erste Gemeinde nähren die Hoffnung in mir, dass Gott da ist. Nicht nur auf einer einsamen Insel – sondern hier und jetzt, in dieser Welt in unserer Zeit.

Die Worte nähren die Hoffnung, dass der Geist, der die erste Gemeinde bewegt hat, nicht aufhört zu wehen.

Was geht Ihnen durch den Kopf, wenn dieses goldene Zeitalter der ersten Christinnen und Christen beschrieben wird? Was löst das geschilderte Idealbild in Ihnen aus?

Amen

Gebet

Gott

Bei Dir ist Frieden
Bei Dir ist Geborgenheit
Bei Dir ist Freude
Du bist Liebe

Bitte, schenke Deine heilige Geistkraft
in unsere Gemeinschaften,
damit sie lebendig sind.

Führe uns in die Ruhe,
wo wir uns selbst finden,
wo wir Dich finden.

Hilf uns, Vorurteile abzubauen,
aufeinander zuzugehen und die Menschen,
denen wir begegnen etwas mehr so zu sehen, wie Du sie siehst.

Gib uns Ideen und Gelegenheiten,
um zusammenzukommen und Feste zu feiern.

Bitte schenke Deine Liebe
in unsere Gemeinschaften,
damit wir Dich widerspiegeln.

Bei Dir ist Frieden
Bei Dir ist Geborgenheit
Bei Dir ist Freude
Du bist Liebe

Amen

Neu sehen lernen

Noemi Walder

Apg 3,1–10

1 Petrus und Johannes nun gingen hinauf in den Tempel zur Zeit des Gebets; es war um die neunte Stunde. 2 Und es wurde ein Mann herbeigetragen, der von Geburt an gelähmt war; den setzte man täglich vor das Tempeltor, welches ‹das Schöne› genannt wird, damit er die Tempelbesucher um ein Almosen bitten konnte. 3 Als der nun Petrus und Johannes sah, wie sie in den Tempel gehen wollten, bat er sie um ein Almosen. 4 Petrus aber sah ihm in die Augen, und mit Johannes zusammen sagte er: Schau uns an! 5 Er sah sie an in der Erwartung, etwas von ihnen zu erhalten. 6 Petrus aber sagte: Silber und Gold besitze ich nicht; was ich aber habe, das gebe ich dir: Im Namen Jesu Christi des Nazareners, steh auf und zeig, dass du gehen kannst! 7 Und er ergriff ihn bei der rechten Hand und richtete ihn auf; und auf der Stelle wurden seine Füsse und Knöchel fest, 8 und er sprang auf, stellte sich auf die Füsse und konnte gehen; und er ging mit ihnen in den Tempel hinein, lief hin und her, sprang in die Höhe und lobte Gott. 9 Und das ganze Volk sah ihn umhergehen und Gott loben. 10 Sie erkannten aber in ihm den, der sonst beim Schönen Tor des Tempels sass und um Almosen bat; und sie waren erschrocken und entsetzt über das, was ihm widerfahren war.

In der Geschichte des gelähmten Mannes ist vieles zu sehen. Sie ist sehr anschaulich erzählt, Details zu Zeit und Ort sind genannt. Es gibt viel zu entdecken und zu fragen: Wer sind die Menschen, die den gelähmten Mann jeden Tag vor das Tor tragen? Wieso wird das Tor «das Schöne» genannt? Wer versammelt sich im Tempel zum Gebet? Und warum haben sich die Leute so sehr über diese Heilung erschrocken?

Etwas kann ich vorwegnehmen: Petrus und Johannes konnten den gelähmten Mann nicht heilen, weil sie besonders gute oder fleissige Nachfolger Jesu waren. Entscheidend war nicht ihr eigener Mut oder ihr Können. Wer sich bei dieser Geschichte denkt: «So etwas könnte ich nie!», tappt wohl in dieselbe Falle wie die Menschen im Tempel, die erschrocken waren und gedacht haben: «Wie haben sie das bloss geschafft?»

Auf diese Szene folgt eine Rede von Petrus im Tempel. Dort spricht er zu den Menschen, die sich bei ihm zusammengefunden haben. Petrus geht auf ihr Erstaunen ein: «Was schaut ihr uns an, als hätten wir durch eigene Kraft oder Frömmigkeit bewirkt, dass er gehen kann?» Petrus sagt: «Was ich habe, das gebe ich dir: Im Namen Jesu Christi des Nazareners, steh auf und zeig, dass du gehen kannst!» Die Kraft liegt im Namen von Jesus Christus.

Mit diesem Namen im Ohr können wir weiter in die Geschichte eintauchen. Es heisst: «Petrus aber sah ihm in die Augen, und mit Johannes zusammen sagte er: Sieh uns an! Er sah sie an in der Erwartung, etwas von ihnen zu erhalten.»

Eine Sache ist hier zentral: Das Sehen.

Wie man sehen kann …
Was hier mit «sehen» wiedergegeben wird, hat im Griechischen drei unterschiedliche Verben zur Grundlage: *atenizo, blepo* und *epecho.*

Petrus und Johannes schauen den gelähmten Mann an. Hier wird *atenizo* gebraucht, das heisst «gespannt, aufmerksam hinschauen» oder sogar «anstarren». Die Wurzel *teino* bedeutet «sich ausstrecken, einen Anker auswerfen». Adjektive dieser Wortfamilie sind «innig», «heftig», «tief». Man könnte also etwas freier übersetzen: «Petrus und Johannes schauen dem gelähmten Mann tief in die Augen.»

Und die Intensität wird noch gesteigert! Petrus und Johannes fordern den Mann nun auf, sie anzuschauen. Im Griechischen wird dafür das Verb *blepo* in Befehlsform verwendet und mit der Richtungsangabe «zu uns» ergänzt. Frei übersetzt: «Schau zu uns! Nimm uns wahr. Richte deinen Blick, deine Aufmerksamkeit auf uns!»

Der Mann schaut sie also an und wartet darauf, dass er von ihnen etwas erhält – er ist ja schliesslich beim Tor, um sich etwas Geld zu erbitten. Hier steht *epecho,* was «beobachten» oder «festhalten» und «bleiben» bedeutet. Der gelähmte Mann beobachtet also Petrus und Johannes; abwägend, abwartend. Er fragt sich: «Werden diese Männer mir wohl etwas geben?»

… und was zu sehen ist
Alle Beteiligten beeinflussen mit ihren Blicken, was sie sehen. Der gelähmte Mann hat Petrus und Johannes beobachtet. Sein Blick verrät, dass er von den Menschen, die an

ihm vorbeigehen, nur zwei Reaktionen erwartet: Entweder sie geben ihm Geld oder sie geben ihm nichts. Alles andere ist ausserhalb seines Blickfelds.

So ist er überrascht worden von viel mehr, als er sich erträumt hat. Petrus und Johannes sprechen ihm zu: «Schau uns an! Mach deine Augen auf – es erwartet dich noch so viel mehr. Dein Leben beginnt heute noch einmal neu. Jesus macht dich zu einem neuen Menschen. Du kannst jetzt nicht nur gehen, sondern auch Jesus nachfolgen, den du nun beim Namen kennst.»

Petrus und Johannes blicken den gelähmten Mann intensiv an. Sie sehen in ihm mehr als den gelähmten Bettler. Sie sehen ihn als ganzen Menschen – nicht nur seine ausgestreckte Hand! – einen Menschen, der insgeheim Gott erwartet. Sie wissen, dass eine Begegnung mit Jesus ihm ein neues Leben schenken kann. Sie wissen das, weil sie Jesus kennen, weil sie ihn im Herzen tragen und weil sie dem gelähmten Mann in die Augen schauen.

Neu sehen lernen

Vielleicht kostet es Petrus und Johannes etwas, hinzuschauen. Sie sind schon fast im Tempel, und es ist Zeit für das Gebet. Viele Menschen haben sich dort versammelt. Vermutlich ist ihr Blick bis dahin zielgerichtet, fokussiert auf ihr Vorhaben, im Tempel zu den Menschen zu sprechen.

Aber sie lassen sich unterbrechen. Sie nehmen sich Zeit, sie geben der Begegnung mit dem Bettler vor dem Tempel Raum. Und in diesem Übergang geschieht ein Wunder.

Petrus und Johannes nehmen die Welt um sich herum bewusst wahr. Davon können wir etwas lernen: Auch wir haben eine Verantwortung für unsere Blicke. Wir bestimmen, was wir sehen wollen und was nicht. Wir können uns entscheiden, hinzuschauen oder wegzuschauen – und auch, wie voreingenommen oder offen wir andere beobachten. Entweder mit konkreten Erwartungen an die Person, die wir anschauen – oder in der Erwartung, dass sich alles ändern kann, wenn der Himmel hinschaut.

Als Nachfolger und Nachfolgerinnen können wir von Jesus lernen, wie er die Menschen angesehen hat. Wir dürfen seinen Blick für diese Welt üben; genau hinschauen. Wir dürfen Menschen intensiv anschauen und uns wie Petrus und Johannes fragen: Was brauchst du von Jesus Christus? Was erwartest du von ihm? Was soll er dir tun?

Das dürfen wir, weil wir darauf vertrauen: Es ist Jesus Christus, der durch uns den Anderen sieht; es ist Christus, der unsere Augen immer wieder verwandelt; es ist Jesus, der uns zuerst geliebt hat, durch den wir der Welt in Liebe begegnen können.

Amen

Gebet

Jesus Christus,
Du bist ein Gott, der mich sieht.
Vor Dir kann ich mich nicht verstecken,
nicht abtauchen in die verborgensten Winkel der Welt.
Ich weiss nicht, ob ich Deinem Blick standhalten kann.
Wie kann ich es ertragen, dass Du mich so durchleuchtest?
Bleibt mir denn kein Geheimnis erhalten?

Aber Dein Blick ist sanft und wohltuend,
wie kühlendes Wasser auf fiebriger Haut.
Ich bin froh, dass Du mich siehst –
so kann ich auch andere sehen.
Du siehst mich, und ich sehe die Welt,
manchmal ein kleines bisschen mit Deinen Augen.

Ein Neuanfang!
Was alles möglich ist!
Dir traue ich alles zu –
und noch mehr.
Von hier bis über den Horizont hinaus.
Dank Dir werde ich neu,
dank Dir schärft sich mein Blick,
ich sehe tiefer,
weiter,
wie ein Adler, so scharf.

Leite meine Augen, Herr,
damit sie die Welt so sehen, wie Du sie siehst.
Und führe meinen Blick,
damit ich sehe,
wo Du sie durch mich verändern willst.

Amen

Wenn Bilder zum Leben reizen/ «Alle sagen ‹cheese›»

Patrick Todjeras

Apg 4,32–37
32 Die ganze Gemeinde war ein Herz und eine Seele, und nicht
einer nannte etwas von dem, was er besass, sein Eigentum, son-
dern sie hatten alles gemeinsam. 33 Und mit grosser Kraft legten
die Apostel Zeugnis ab von der Auferstehung des Herrn Jesus,
und grosse Gnade ruhte auf ihnen allen. 34 Ja, es gab niemanden
unter ihnen, der Not litt, denn die, welche Land oder Häuser
besassen, verkauften, was sie hatten, und brachten den Erlös des
Verkauften 35 und legten ihn den Aposteln zu Füssen; und es
wurde einem jeden zuteil, was er nötig hatte.
36 Josef aber, der von den Aposteln den Beinamen Barnabas erhal-
ten hatte, das heisst ‹Sohn des Trostes›, ein Levit, der aus Zypern
stammte 37 und einen Acker besass, verkaufte ihn, brachte das
Geld und legte es den Aposteln zu Füssen.

Predigt

Liebe Gemeinde,

meine Frau liebt Fotoalben – ja, das gibt es noch, auch im digitalen Zeitalter. Jedes Jahr gibt es in unserer Familie eine Art zusammenfassendes Jahresfotoalbum – ein «Best-of des Jahres». Einzelne Highlights werden selbstverständlich separat zusammengestellt: die Konfirmation unseres Sohnes, der runde Geburtstag (ich verrate nicht welcher) und anderes Bedeutsames.

Mittlerweile ist unser Leben so voll, dass wir zu einem Best-of-*Halb*jahres-Album übergegangen sind. Seit 2024 gibt es nun zwei Alben pro Jahr. Ein Weg zurück, zu lediglich einem Album zeichnet sich nicht ab.

Ich bin da nicht so nostalgisch veranlagt. Ich sehe mir das Album gerne mal an, aber irgendwie fällt es mir nicht so leicht, in Erinnerung zu schwelgen. Ausserdem nehme ich es vielleicht nur einmal pro Jahr zur Hand.

Andere sind da ganz anders. Da ist das Fotoalbum ein wichtiges Artefakt in der Kommunikation: Wenn man Verwandte trifft, auf Geburtstagsfeiern oder bei Partys – das Fotoalbum liegt auf und soll zeigen, was geschehen ist, was besonders war und weiterhin ist. Es verrät etwas über die Werte einer Familie, über das, was als gemeinsame Erinnerung wichtig scheint – und damit auch, was für die Zukunft wichtig ist.

Der Textabschnitt aus der Apostelgeschichte, der uns hier ans Herz gelegt wird, stammt aus den ersten Seiten eines solchen Fotoalbums, aus dem Fotoalbum der ersten Christinnen und Christen. Sie sind in Jerusalem zu Hause.

Eindrücklich und bildhaft wird das Zusammensein der ersten Christinnen und Christen vor Augen gemalt. Man spürt die hohe Verbundenheit untereinander. Es wirkt organisch und lebendig. Das heute geflügelte Wort «ein Herz und eine Seele» nimmt das auf, Frauen und Männer leben ganz im Moment, berührt von den Erlebnissen mit dem auferstandenen Christus.

Ich habe Bilder von Menschen vor Augen, die gemeinsam am Tisch sitzen, essen, beten, feiern (Apg 2). Und noch mehr: Menschen, die so ganz unterschiedlich sind und sonst nicht für ein Foto gemeinsam posieren würden. Ganz gegensätzliche Lebensentwürfe und soziale Ausgangslagen kann man hinter den leuchtenden Augen vermuten. Und irgendwie stehen die Menschen nicht unverbunden nebeneinander, wie Unbekannte bei einer Firmenfeier, sondern da scheint etwas Anderes durch: die gehören zusammen.

Diese Geschichte ist ein wichtiger Moment in der Geschichte der Christenheit. Dieses Foto sagt etwas über das, was wichtig war und ist – und auch darüber, was wichtig sein soll.

Wenn wir nun das Fotoalbum der ersten Christenheit zur Hand nehmen, will ich zweimal draufblicken. Zunächst einmal etwas nostalgisch und erinnernd und dann provokativ, und ich will fragen, was wichtig bleiben soll.

Was ***war*** *an dieser Geschichte – an diesem Foto – so besonders?*
Diese Geschichte der sogenannten «Gütergemeinschaft» steht für einen wichtigen Grundzug im christlichen Glauben und in der christlichen Existenz:

- Christliche Gemeinschaft ist immer eine füreinander sorgende Gemeinschaft, und das ganz konkret. Essen wird geteilt, Not wird gelindert, die Eine, die hat, gibt dem Anderen, der nicht hat, Chancengleichheit wird ermöglicht – das ist nicht nur eine Frage der Haltung, sondern kostet Geld und Einsatz. Diese Haltung lebt von der Gewissheit, dass es etwas Wichtigeres gibt, als seinen Besitz und sein Eigentum von anderen abzugrenzen. Diese Haltung lebt von der Gewissheit, dass das «Wir» heilsamer ist als ein egoistisches «Ich».
- Wenn man über das Miteinander der ersten Christinnen und Christen hört, hört sich das fast wie ein politisches Programm an. Ja, stimmt – das ist ein ungemein politisches und öffentliches Programm.
  Provokativ politisch ist hier christliche Existenz, wenn sie soziale Zuordnungen von reich und arm durchbricht.

Provokativ politisch ist hier christliche Existenz, wenn Eigentum als Ressource für Gemeinschaft und Wohl interpretiert wird.

Provokativ politisch ist hier christliche Existenz, wenn Rentensicherung («der Acker» des Barnabas) für die unmittelbare Not des Nächsten investiert wird.

– Diese Spuren diakonischen Handelns sind eine Existenzweise der Gemeinschaft, die «ein Herz und eine Seele» ist und sich mit «Haut und Haaren» in den Dienst stellt. Diese Form der Fürsorge und der Hilfeleistung ist nicht nur «irgendwie verbunden» mit dem Dienst am Wort, also der Verkündigung, sondern sie ist Verkündigung des auferstandenen Christus. Sie ist kein Add-on, keine zweite Seite der Medaille. Das, was in der späteren Kirche und Theologie auseinandergebrochen ist, Wort und Tat, ist hier ein lebendiger Organismus.

Das ist der erste Blick, vielleicht etwas nostalgisch und in Erinnerung schwelgend.

Fotoalben haben aber die Funktion, zu zeigen, was wichtig sein soll. Sie haben eine ausrichtende, nach vorne orientierende Kraft.

Was ***ist*** *an dieser Geschichte besonders und will «bleiben»?*
Es wäre vielleicht etwas zu einfach (und auch falsch) die Gütergemeinschaft als Regel des Zusammenlebens für Christen und Christinnen in der Gemeinde zu verordnen. Nein: Es geht nicht um eine geregelte Eigentums- und Produktionsgemeinschaft. Sondern: Geprägt vom Moment der Spontaneität und Opferbereitschaft, je nach Bedarf, ist der andere und die andere mit ihren Lebensbedürfnissen wichtig. Ja, nicht nur wichtig, sondern Teil eines gesunden Leibes Christi.

Gemeinde heisst, dass Menschen versammelt werden, nicht nur das, sondern zusammengehören. Wie ein Leib – so ein Bild, das häufig im Neuen Testament verwendet wird. An diesem Leib haben alle etwas zu geben und zu nehmen.

Einer braucht den anderen, einer vermisst die andere, eine umsorgt den anderen und lässt sich wiederum von ihm versorgen. Das war und ist in vielen Gemeinden wirklich konkret.

Vielleicht könnte man mit diesem Foto «im Rücken» etwas frech sagen: Wehe, wenn eine Gemeinde blind wird für die Nöte in ihrer Mitte und um sie herum!

Spontaneität und Opferbereitschaft kann man nicht verordnen, sie werden geweckt – in der Begegnung mit Menschen.

Spontaneität und Opferbereitschaft kann man nicht verordnen, sie werden geweckt. Auch dann, wenn einen das Wort Gottes «trifft», ja, wenn eine Wahrheit vom Kopf ins Herz rutscht und sie eine Christin zur Tat drängt. Man kann ja nicht anders, wenn in einem die Liebe für Menschen entzündet wird.

Dafür gibt es viele Vorbilder im Glauben.

Schon um 140 n. Chr. konnte ein athenischer Philosoph an den römischen Kaiser Antoninus Pius von dieser entzündeten Liebe schreiben:

«Die Christen lieben einander. Die Witwen missachten sie nicht, die Waisen befreien sie von dem, der sie misshandelt, wer hat, gibt neidlos dem, der nicht hat, wenn sie einen Fremdling erblicken, führen sie ihn unter ein Dach und freuen sich über ihn wie über einen leiblichen Bruder. Denn sie nennen sich nicht Brüder dem Leibe nach, sondern Brüder im Geiste und in Gott. Wenn aber einer von ihren Armen aus der Welt scheidet und ihn irgendeiner von ihnen sieht, so sorgt er nach Vermögen für sein Begräbnis. Und hören sie, dass einer von ihnen wegen des Namens ihres Christus gefangen oder bedrängt ist, dann sorgen alle für seinen Bedarf und befreien ihn, wo möglich. Und ist unter ihnen irgendein Armer oder Bedürftiger, und sie haben keinen überflüssigen Bedarf, so fasten sie zwei bis drei Tage, damit sie den Bedürftigen durch ihren Bedarf an Nahrung decken.»*

Die Gräfin de La Tour, eine der Begründerinnen der *Stiftung de La Tour* in Treffen bei Kärnten (Österreich), war auch eine solche Person.**

Elvine de La Tour, geboren 1841 in Görz, erkannte schon früh die soziale Not ihrer Zeit und widmete ihr Leben der Hilfe für Benachteiligte. Trotz ihres grossen Reichtums liess sie sich nicht von der Not der hungernden Kinder, bildungsfernen Mädchen und hilfsbedürftigen Alten ablenken. Geprägt vom Pietismus und dem evangelischen Pfarrer Ludwig Schwarz, lebte sie den Glauben als aktive Nächstenliebe. 1873 gründete sie ihren ersten Waisenverein und weitete ihre Arbeit später auf ihre Güter Russiz und Treffen aus. Sie finanzierte Heime, Schulen und Pflegeeinrichtungen, verkaufte sogar ihren Schmuck, als das Erbe ihres Vaters nicht mehr ausreichte. Bildung sah sie als Schlüssel, um soziale Probleme langfristig zu lösen, und kämpfte unermüdlich gegen Missstände wie den Alkoholismus. Trotz Anfeindungen gegen sie als Protestantin half sie Menschen unabhängig von Herkunft oder Religion. Der Erste Weltkrieg zerstörte viele ihrer Einrichtungen, doch ihr Ver-

---

* Möller, Gerechtigkeit und Güte, 407 f.

** www.diakonie.at/150-jahre/personen/elvine-de-la-tour (06.12.2024).

mächtnis wurde durch eine Stiftung bewahrt. Diese lebt heute in der *Diakonie de La Tour* fort, die ihr Werk fortsetzt. «Gott wird's wohl machen!» blieb ihr Leitspruch in schweren Zeiten, den sie durch tatkräftige Hilfe zum Leben erweckte.

Spontaneität und Opferbereitschaft kann man nicht verordnen, sie werden geweckt.

Da ist auch ganz vieles nicht sichtbar.

Wie diese Gabengemeinschaft im Einzelnen funktioniert, lässt sich nicht immer ergründen, weil vieles im Verborgenen geschieht, so dass es weder geregelt werden muss noch kann. Es geht um ein Geschehen des Geistes: «Dies alles aber wirkt ein und derselbe Geist, der jedem auf besondere Weise zuteilt, wie er es will.» (1Kor 12,11).

Was will also bleiben?

Vielleicht die Gewissheit, dass der Geist Gottes immer wieder Menschen ruft, in ihnen Spontaneität und Opferbereitschaft weckt, dass die hier erzählten Geschichten nicht nur einfach beeindruckend sind, sondern zum Wesen der christlichen Gemeinschaft gehören – sozusagen zu unserer Familien-DNA.

Was will also bleiben? Vielleicht der Stolz, zu welcher Familie wir gehören – einer Familie, die sich bedingungslos einsetzt und darauf vertraut, dass es «Gott wohl machen wird».

Was will also bleiben? Vielleicht auch das leichte Drängen: Was, wenn auch ich damit gemeint bin, was, wenn auch mein Handeln und Tun von diesem lebendigen Bild angesteckt wird?

Vielleicht sind Fotoalben ja gar nicht so langweilig, sondern ziemlich machtvoll.

Wenn auch ihr Teil dieser Gemeinschaft seid, die sich wecken und senden lassen will, sprecht mit mir: Amen.

Zur vertiefenden Lektüre

- Möller, Christian: Gerechtigkeit und Güte. Zum biblischen Ursprung der Diakonie, in: Spiritualität und Gemeinschaft. Zugänge zu geistlichem Leben in Beziehungen. Festschrift für Peter Zimmerling zum 65. Geburtstag, hg. v. Alexander Deeg / Markus Schmidt, Darmstadt 2023, 405–416.
- Jansson, Andreas C: Der eine Sendungsdienst der Kirche. Ein Beitrag zur Verhältnisbestimmung von Evangelisation und Diakonie unter besonderer Berücksichtigung der Missionstheologie David J. Boschs (Mission und Kontext, Bd. 2), Leipzig 2023.

Gebet

Herr, wir brauchen Deinen Geist, damit wir den Weg zueinander finden und uns nicht voreinander verstecken;
Herr, wir brauchen Deinen Geist, damit wir uns in die Augen blicken und nicht übereinander hinwegsehen;
Herr, wir brauchen Deinen Geist, damit wir uns füreinander öffnen und offen miteinander umgehen.
Wir brauchen Deinen Geist, damit wir in Auseinandersetzungen die Liebe nicht vergessen, in Konflikten die Toleranz nicht verlieren.
Herr, wir brauchen Deinen Geist, um miteinander auf dem Weg der Nachfolge zu bleiben.

Amen

Verkündet begeistert das Heil für Mikroorganismen

Tobias Adam

Apg 5,12–21
12 Durch die Hand der Apostel aber geschahen viele Zeichen und Wunder im Volk. Und sie waren alle einträchtig beisammen in der Halle Salomos; 13 von den andern aber wagte niemand, sich zu ihnen zu gesellen; das Volk jedoch war des Lobes voll über sie.
14 Immer neue, die an den Herrn glaubten, wurden der Gemeinde zugeführt, Scharen von Männern und Frauen. 15 Es kam so weit, dass man die Kranken auf die Strassen hinaustrug und sie auf Bahren und Liegebetten hinstellte, damit, wenn Petrus vorbeikäme, wenigstens sein Schatten auf einen von ihnen fiele. 16 Aber auch die Bewohner der rings um Jerusalem liegenden Städte kamen und brachten Kranke und von unreinen Geistern Geplagte. Und sie wurden alle geheilt.
17 Der Hohe Priester aber erhob sich samt allen seinen Anhängern, der Partei der Sadduzäer; erfüllt von wildem Eifer 18 ergriffen sie die Apostel und liessen sie vor den Augen des Volkes in Gewahrsam nehmen. 19 Ein Engel des Herrn aber öffnete nachts die Tore des Gefängnisses, führte sie hinaus und sprach: 20 Geht, tretet im Tempel auf und verkündigt dem Volk das volle Wort des Lebens, das sich euch jetzt eröffnet hat. 21 Sie hörten es und gingen noch in der Morgendämmerung in den Tempel und lehrten. Als nun der Hohe Priester und seine Anhänger eintrafen, riefen sie den Hohen Rat zusammen und die gesamte Ratsversammlung Israels und schickten zum Gefängnis, um sie vorführen zu lassen.

Mit leuchtenden Augen tritt Dr. Cecilia Medupin ans Rednerpult. Die Konferenzhalle ist erfüllt von gespannter Erwartung, als sie das Mikrofon justiert und mit einem Lächeln beginnt:

«Wussten Sie, dass ein einziger Tropfen Süsswasser Millionen von Mikroorganismen enthalten kann? Und dass diese winzigen Wesen unser Leben auf eine Weise beeinflussen, die wir kaum erahnen?»

Die Umweltwissenschaftlerin und überzeugte Christin spricht nicht einfach über ihre Forschung – sie lebt sie. Ihre Stimme schwankt zwischen Staunen und Dringlichkeit, während sie von den Mikroorganismen erzählt, die sie seit Jahren unter dem Mikroskop beobachtet. «Diese kleinen Geschöpfe sind nicht nur faszinierend, sondern auch lebenswichtig. Für unsere Ökosysteme, für unsere Ernährung, ja, sogar für unsere Kultur.»

Cecilia beschränkt sich jedoch nicht auf eine rein wissenschaftliche Beschreibung der Dinge, das Durchführen von Experimenten und die Publikation der Ergebnisse, sondern sucht bewusst die Öffentlichkeit. Sie kommuniziert aktiv ihre Leidenschaft für die Forschung und die Kleinstlebewesen. Sie erzählt von ihren Feldforschungen, zu denen sie Studierende mitnimmt, und von ihren Schulbesuchen. Dort sehen Kinder beim Blick durch ihr Mikroskop zum ersten Mal das Unsichtbare und realisieren: «Das ist kein Dreck, das ist Leben.»

Für Cecilia sind die Wassertierchen nicht einfach irgendwelche Organismen. Sondern perfekt auf ihre Umwelt, aber auch auf die Mitwelt um das Fliessgewässersystem herum abgestimmte Lebewesen – wie wir Menschen. Theologisch spricht sie von einer Sakramentalität der Schöpfung für alle: Die ganze Schöpfung ist ein grosses

Sakrament oder Geschenk Gottes an seine Geschöpfe, zu denen auch diese unscheinbaren Wasserlebewesen gehören. Ihre Aufgabe als christliche Forscherin sieht sie darin, als Priesterin tätig zu werden, denn dazu sind alle Getauften berufen. Das heisst für sie, den Wert dieses mikrobiellen Lebens aufzuzeigen und in die beschränkte menschliche Aufmerksamkeit zu heben. Oder um es für evangelische Ohren etwas verständlicher zu formulieren: Im Selbstverständnis als Priesterin geht es ihr darum, zu verkünden: «Schau, wie es schon auf dieser mikroskopischen Ebene perfekt abgestimmte Organismen gibt. Gott zeigt daran seine gute Absicht mit der Schöpfung und ihren Wert.»

Im Predigttext steht die junge Gemeinde in Jerusalem an einem Wendepunkt. Nach dem feurigen Aufbruch des Pfingstfestes, der spektakulären Heilung eines bekannten Bettlers und einer fast utopisch anmutenden Qualität des Umgangs untereinander, kommen die ersten Rückschläge: Unmittelbar nach der öffentlichkeitswirksamen Heilung werden Johannes und Petrus von der religiösen Obrigkeit verhaftet und nach einer Nacht in Gewahrsam der Versammlung der Ältesten und Schriftgelehrten vorgeführt. Diese können die öffentliche Wirksamkeit der Heilungen nicht leugnen, belegen die beiden aber mit einem Redeverbot. Wohl in der Hoffnung, dadurch die Ausbreitung dieser schwärmerischen Lehre einzudämmen (Apg 4,13–17).

Unmittelbar danach ereignet sich etwas, das durchaus das Potenzial zu einem handfesten Skandal hat: der plötzliche Tod von Saphira und Hananias. Dieses Ereignis könnte das Wachstum der jungen Bewegung ernsthaft gefährden. Zwei Menschen sterben plötzlich im Beisein von führenden Persönlichkeiten einer neureligiösen Gemeinschaft – und das, obwohl sie gerade noch bereit waren, Geld zu spenden.

Ein Vorfall wie dieser hätte auch heute noch das Potenzial für eine True-Crime-Geschichte. Doch weder die Repression noch der Todesfall führen zu dem erwartbaren Imagewandel in der Gesellschaft. Im Gegenteil, es scheint sogar eine Art Hype um die Gruppe zu geben, ausgelöst vor allem durch die Hoffnung auf Heilung von Kranken und von bösen Geistern Geplagten. Eine Möglichkeit, die anhaltende Popularität zu erklären, liegt vielleicht im Underdog-Flair der neuen Gruppe, deren öffentliche Versammlungen im Tempel viele nicht zu besuchen wagen.

Die Lebendigkeit und die Anziehungskraft dieser jungen Gemeinschaft bleiben den religiösen Autoritäten natürlich nicht verborgen. Sie löst heftige Reaktionen aus. Der Text bringt es so auf den Punkt: Während die Gemeinde vom heiligen Geist erfüllt ist, sind es bei den Machthabern ganz andere Kräfte, die wirken – ein wilder Eifer, jedoch kein heiliger Eifer; kein Geist der Liebe oder der Wahrheit, sondern ein inneres Aufgewühltsein, das aus Angst oder dem Verlust von Macht entstanden sein könnte. Und genau dieser Eifer, diese innere Unruhe, führt dazu, dass die Apostel ein zweites Mal verhaftet werden. Das ist spannend, denn an dieser Stelle gibt uns der Text einen seltenen Einblick. Wir erfahren nicht nur, was die Mächtigen tun oder sagen, sondern auch, was in ihnen vorgeht und sie zu ihrem Handeln bewegt.

Aber auch die Verhaftung hilft den Machthabern nicht, die Verkündigung zu stoppen. Denn diesmal kommt ein Engel, der den Aposteln unbemerkt die Türen öffnet und sie auffordert, wieder in den Tempel zu gehen und zu predigen.

Mit fast der gleichen Haltung wie im Song «Don't stop me now» von Queens können die Apostel ihre Verkündigung, ihre buchstäbliche Begeisterung fortsetzen. Widerstände, ja sogar Verhaftungen und Skandale kommen ihnen immer wieder in die Quere und trotzdem wird die Gruppe der Jesus-Nachfolger:innen stetig grösser.* Die Apostel und die Gemeinde stehen in der Öffentlichkeit und setzen sich ihr immer wieder bewusst aus – sie können gar nicht anders, als das zu erzählen, wovon ihr Herz voll ist. Der Geist, den sie an Pfingsten empfangen haben, trägt sie hinaus an den zentralen Ort ihres Glaubens, in den Tempel. Der Geist wirkt in ihnen nicht nur als Antrieb, sondern verändert ihre Umwelt, besonders die Kranken. Für den Text ist klar, dass bei der Begegnung mit den Begeisterten sich etwas für die Kranken zum Positiven verändert hat, ja diese durch Gott geheilt wurden.

Die Apostel stehen durch den Geist geführt in der Öffentlichkeit und reden nicht nur, sondern sie verändern etwas. Ihren Worten folgen Taten und umgekehrt. Aber das provoziert Reaktionen von den Mächtigen und Etablierten und führt hier gar zu Repression, Verhaftung und Gefängnis.

Die Arbeit von Cecilia, die am Anfang dieser Predigt stand, ruft in der Regel wohl keine so heftigen Reaktionen hervor, jedenfalls hat sie nicht darüber berichtet. Denkt man ihr Selbstverständnis jedoch weiter und dehnt es auf den Schutz unserer Mitwelt im Allgemeinen oder auch auf Kontexte aus, in denen der Schutz von Mikroorganismen im direkten Gegensatz zu fossilen Wirtschaftsinteressen steht, sieht die Sache anders aus. Denn Repression und gar Ermordung ist

---

* Natürlich könnte man auch einiges hinterfragen, wie z. B. die doch sehr fragwürdige Geschichte von Saphira und Hananias. Was ist das für ein Gott, den die Gruppe verkündet, der hier einzelne Menschen einfach umbringt, wenn sie nicht den Idealen entsprechen. Oder die Frage, wie und ob wirkliche übernatürliche Heilungen durch Gott möglich sind. Aber ich glaube, es lohnt sich trotz dieser Herausforderungen auch für heutige Leser:innen, sich auf die Texte einzulassen.

laut der Nichtregierungsorganisation *Global Witness* eine Realität vor allem für indigene Umweltaktivist:innen und andere Earth Defenders aus dem globalen Süden.* Und es ist auch keine *Breaking News,* dass Meinungs- und Pressefreiheit dort generell unterdrückt werden. Die Aussichten für die Zukunft sind nicht besser, da in den USA zwar einige selbsternannte Verfechter:innen von *Free Speech* an der Macht sind, deren Handeln aber nicht die Redefreiheit stärkt, sondern eher Hass und Polarisierung. Ihre Haltung wäre wohl treffender mit *Free Hate* als mit *Free Speech* beschrieben.

Das Bild der Urgemeinde ist also trotz seiner «Fast zu schön, um wahr zu sein»-Züge im Hinblick auf mögliche Reaktionen auf die begeisterte Verkündigung sehr realistisch und auch heute noch aktuell. Aber gerade, weil viele Menschen hier in Westeuropa immer noch in einer sehr privilegierten Position leben, ist mir wichtig anzumerken, dass wirkliche Repression, wie im Text, nicht einfach mit Widerspruch in unserem Kontext gleichgesetzt werden kann. Wenn ich mir als Klimabewegter von Boomern Vorwürfe über die Radikalität der Klimabewegung anhören muss, dann ist das genauso wenig Repression oder Verfolgung, wie wenn Christ:innen bei der klassischen Evangelisationsarbeit Widerspruch oder gar Häme und Spott ernten. In beiden Fällen kann es sich manchmal lohnen, dem Gegenüber wirklich zuzuhören, weil es vielleicht wirklich einen Punkt hat. Oder wie die Geschichte vom Tod von Saphira und Hananias zeigt, ist es ebenfalls wichtig, destruktive oder kriminelle Vorgänge in der eigenen Gemeinschaft zu erkennen und zu verändern. Feedback von aussen kann

---

* Vgl. https://globalwitness.org/en/about-us/annual-reports/annual-report-2023-challenging-polluters-championing-people/ (13.02.2026).

dabei helfen. Der Predigttext ist also keine Aufforderung, unser Predigtmanuskript allen Widerständen zum Trotz stur durchzuziehen. Im Gegenteil: Es geht darum, der Geistkraft Gottes, die uns begeistert, zu folgen und nach ihren Früchten zu streben.

Verkündigung geschieht nicht im luftleeren Raum. Sie wirkt – durch ihre Form, durch ihren Inhalt – und stellt die Frage, ob daraus etwas wächst, das im Leben trägt. Und um dies in den Blick zu bekommen, lohnt es sich, die Geschichte von Cecilia und ihrer Bildungsarbeit über Kleinstlebewesen mit der Verkündigung des Evangeliums durch die Apostel zu verbinden. Zwar scheinen inhaltlich die Frohe Botschaft von der Überwindung des Todes durch die Auferstehung Jesu und die Botschaft vom Wert der kleinen Lebewesen als Gabe Gottes nicht viel miteinander zu tun zu haben. Es braucht aber keine grosse ökotheologische Gymnastik, um einen Zusammenhang zu finden. Denn Cecilia spricht von der Sakramentalität der Schöpfung. Die klassischen Sakramente bei uns, Taufe und Abendmahl, sind von Jesus eingesetzte Zeichen, die das Heilshandeln Gottes an uns Menschen erfahrbar machen. Und dieses Heilshandeln wurzelt letztlich im Tod und in der Auferstehung Jesu Christi, dem Inhalt der Verkündigung der Apostel. Gleichzeitig gehört zu den Folgen oder Begleiterscheinungen ihrer Verkündigung die Heilung von Krankheiten, also auch eine Veränderung zum irdischen Wohl. Schöpfung und Verkündigung sind zwar keine klassischen Sakramente, aber können doch beide als zum Wohl und Heil der Menschen von Gott eingesetzte Mittel verstanden werden. Wenn man das etwas weniger anthropozentrisch weiterdenkt, kommt sowohl in der Umweltbildung von Cecilia als auch in der Verkündigung der Apostel ein und dasselbe zum Ausdruck: die Mitteilung des Heilshandelns Gottes zum Wohl, zur Gesundheit und zum Heil der ganzen Schöpfung. Die Mikroben im Wasser sind so geschaffen, dass sie eingebettet in unzählige ökologische Beziehungen uns Menschen zum Wohl dienen. Aber auch wir Menschen sind in diesem Verständnis eigentlich zum Wohl der Mikroben und der übrigen Schöpfung und zu einem guten Miteinander mit ihnen bestimmt. Und genau daran kann der Inhalt der Frohen Botschaft uns wieder erinnern.

Die Frohe Botschaft Jesu Christi zu verkünden, heisst also, von der Geistkraft Gottes begeistert und befähigt zu werden. Und dann allen Widerständen zum Trotz, von ihr gedrängt, das Heil und Wohl aller im Blick, die Frohe Botschaft vom Friedensreich Gottes für die ganze Schöpfung in Wort und Tat umzusetzen.

Amen

Fürbitte

Dreieiniger Gott, wir bitten Dich um Deine heilige Geistkraft, dass sie uns begeistert und befähigt, über den Tellerrand unserer Position hinauszuschauen und unsere umkämpfte Aufmerksamkeit auch denen zu schenken, die von den Medien und Algorithmen übersehen werden.

Dreieiniger Gott, wir bitten Dich für die Menschen im globalen Süden, insbesondere für die indigenen Völker, deren Heimat durch kurzfristige wirtschaftliche Interessen zerstört oder verschmutzt wird, dass ihre Stimmen gehört werden und sie durch Solidarität und Aufmerksamkeit in Repression und Verfolgung unterstützt und geschützt werden.*

---

* Konkrete Fälle mit Bezug zur Schweiz: https://konzernverantwortung.ch/faelle/ (13.02.2026).

Dreieiniger Gott, wir bitten Dich um Mut für uns als Kirche und Christ:innen, bei Widerspruch gegen die Verkündigung der politischen Implikationen des Evangeliums nicht in eingeschüchtertes Schweigen oder sture Rechthaberei zu verfallen. Sondern uns konstruktiv einzusetzen für das Wohl und Heil aller, wozu Du uns berufen hast.

Praktische Ideen für eine partizipativere Gottesdienstgestaltung

Paarweise zuhören: Zu Beginn des Gottesdienstes sollen sich die Anwesenden zu zweit zusammensetzen. Dann erzählt eine Person zwei Minuten lang anhand einer kleinen Situation, was ihr der Glaube bedeutet. Die andere Person hört zu, ohne zu unterbrechen. Dann werden die Rollen getauscht.

Weisen Sie darauf hin, wie schwierig es ist, nicht sofort zu werten oder eigene Erfahrungen einzubringen. Und versuchen Sie, diese Übung durch Moderation zu begleiten und mit dem nächsten Punkt im Ablauf zu verknüpfen.

Rollenkarten: Verteilen Sie zu Beginn des Gottesdienstes Karten mit verschiedenen menschlichen und nicht-menschlichen Rollen (z. B. «Mikroorganismus in einem Süsswasser-Ökosystem», «Mensch aus dem globalen Süden, dessen Heimatfluss durch eine Kupfermine verschmutzt wird», «Mensch, der an einer langwierigen Krankheit leidet»). Bauen Sie in den Ablauf einen Moment ein, am besten nach der Predigt, in dem alle zwei Minuten nachdenken: Was beschäftigt mich in meiner Rolle und was bedeutet Heil für mich? Je nach Setting können dann einige ihre Gedanken im Plenum teilen oder sie können die Anliegen in die Fürbitten aufnehmen.

Mikroskop: Machen Sie es Cecilia nach und organisieren Sie ein Mikroskop und etwas Wasser aus einem nahegelegenen Weiher. So können die Teilnehmenden nach dem Gottesdienst selbst einen Blick auf das Unsichtbare werfen und erkennen, dass dort kein Dreck, sondern Leben ist. Vielleicht hilft Ihnen eine nahegelegene Hochschule oder Abwasserreinigungsanlage, wenn Sie das Thema der Kleinstwesen in einem grösseren Rahmen behandeln möchten.

Alles geben für das, woran man glaubt

Elisabeth Nauser

Apg 7,54–60

54 Als sie dies hörten, wurden sie rasend vor Zorn und knirschten mit den Zähnen. 55 Er aber, erfüllt von heiligem Geist, blickte zum Himmel auf und sah die Herrlichkeit Gottes und Jesus zur Rechten Gottes stehen. 56 Und er sprach: Ja, ich sehe die Himmel offen und den Menschensohn zur Rechten Gottes stehen. 57 Sie aber überschrien ihn, hielten sich die Ohren zu und stürzten sich vereint auf ihn. 58 Sie stiessen ihn aus der Stadt hinaus und steinigten ihn. Und die Zeugen legten ihre Kleider ab, zu Füssen eines jungen Mannes namens Saulus. 59 Sie steinigten den Stephanus, er aber rief den Herrn an und sprach: Herr, Jesus, nimm meinen Geist auf! 60 Er fiel auf die Knie und rief mit lauter Stimme: Herr, rechne ihnen diese Sünde nicht an! Und als er dies gesagt hatte, verschied er.

Predigt

Schrecklich. Der Text nimmt mir den Atem, raubt mir die Sprache und lässt mich wie ein Fisch stumm meinen Mund auf und zu machen. Was hier geschieht, ist Mord. Lynchjustiz. Die Rechtfertigung? Der offizielle Grund ist Gotteslästerung. «Der da, der glaubt nicht das Richtige.» Aber egal was die offiziellen und inoffiziellen Gründe sind: Wie kann man so was rechtfertigen? Egal worüber man sich auch streitet, wenn einer dafür sterben muss, ist es zu weit gegangen.

Mord. Egal was ein Ermordeter in seinem Leben getan hat, es ist menschlich, als Reaktion Mitleid zu empfinden. Sogar wenn sich später herausstellt, dass das Opfer kein guter Mensch war. Das trifft noch viel mehr auf einen unschuldigen Menschen wie Stephanus zu, der noch kurz zuvor in der Geschichte als engelsgleich beschrieben wird und jetzt mit einem rasenden Mob konfrontiert wird. Der krasse Kontrast und der Streit über den rechten Glauben könnte dazu verleiten, diese Stelle so zu lesen, als ob nur ein Christ so aufrichtig und vergebend wie Stephanus sein könnte. Die tragische Geschichte wird so zur Glaubenspropaganda. Der vorbildliche, Christus-gläubige Stephanus wird von Leuten, die seinen Glauben nicht teilen, umgebracht.

Doch Moment mal. Da! In der Mitte des Lynchmobs. Da steht doch einer, den wir kennen. Es ist ein Mann, der wohl ehrlich gesagt ein bekannterer Christ war als Stephanus. Da steht Saulus, der uns unter dem Namen Paulus bekannt ist. Missionar. Briefschreiber. Gründer vieler Gemeinden. Vater vieler theologischer Ideen, die bis heute nachhallen. Plötzlich bekommt diese Geschichte eine andere Note: Hier stehen sich ein Opfer und ein Täter gegenüber. Wo Saulus hier das Geschehen nur implizit gutheisst und zuschaut, wird er schon bald darauf zum aktiven Verfolger. Doch dieser Verfolger wird später selbst zum Opfer. Paulus' Lebensweg endet in ganz ähnlicher Art und Weise, wie der des Stephanus vor ihm. Stephanus folgt Christus. Und Paulus tut es Stephanus gleich. Auch Paulus folgt Christus in den Tod. Darum ist das nicht eine Geschichte von «Juden» gegen «Christen». Es ist die Geschichte eines Menschen, der bereit war mit seinem ganzen Leben für das, was er glaubte, einzustehen. Er war nicht bereit, mit Christus oder seinem Pazifismus zu brechen. Er versuchte, in seinem Lebenswandel ganz Christus zu folgen. Christus nachzuahmen, auch wenn es ihn das Leben kostet.

Ich denke, dass wir diese Art von Kompromisslosigkeit auch kennen. Nicht ohne Grund gibt es die Redewendung «eher sterbe ich». Doch bin ich mir nicht sicher, ob ich so bereit bin, wie Stephanus mein Leben für etwas herzugeben. Ich habe zu viel Angst davor zu sterben! Wie könnte ich so überzeugt und ohne Reue über all die ungelebten Momente sterben? Mir das Leben wegnehmen lassen? Ich bin zutiefst beeindruckt von Leuten, die sich zwischen unschuldige Menschen und Gewalt stellen. Die sich selbstlos, freiwillig in Gefahr bringen, doch … ich weiss nicht, ob ich so selbstlos sein kann. Ich wünschte nur, ich wäre es.

Denn: Mit meinem ganzen Leben für das einzustehen, woran ich glaube – das ist es doch, was bleibt. Nicht Karriere und Medaillen. Nein. Ohne Furcht dagestanden zu sein und gesagt zu haben: «Dafür bin ich bereit, mein Leben zu geben.» Aber bedeutet das denn heute notwendigerweise, dass man stirbt? Im übertragenen Sinn hat diese Redewendung definitiv diese Implikation, aber ganz wörtlich genommen, legt es doch viel eher nahe, dass man sein Leben, seine Zeit und Energie dafür nutzt, für eine Sache einzustehen. Stephanus hat versucht, in allem nach Jesu Vorbild zu handeln. Er war bereit, dies mit seinem Tod zu bezahlen, aber er wäre auch im Leben weiter Christus nachgefolgt, hätte man ihn gelassen. Stephanus hat sein Leben für das, woran er glaubte, eingesetzt. All sein Handeln widerspiegelte seinen Glauben. Bis zum letzten Atemzug.

Das klingt schon viel mehr, als ob ich das auch tun könnte. Ich denke, es ist normal, Angst vor einem gewaltsamen Tod zu haben. Doch viele von uns werden friedlich im Bett sterben. Das bedeutet nicht, dass wir nicht bis zum letzten Atemzug für das einstehen können, woran wir glauben. Denn wie wir an Stephanus' Geschichte sehen, strahlt das, wofür wir unser Leben einsetzen, über unser Leben hinaus. Stephanus glaubte mit ganzem Herzen an Jesus Christus. Er widmete sein Leben der Nachfolge und er war auch im Moment des Todes noch dem Frieden verpflichtet. Er war nicht bereit, zur Gewalt zu greifen. Sogar im Moment des Todes bittet er Gott um Verzeihung für die, die ihn um sein Leben bringen. Weder der verursachte Schmerz noch der Mord soll ihnen zur Last gelegt werden.

Und Saulus, der inmitten des Lynchmobs steht und Stephanus hier so kalt beim Sterben zusieht, hat nur wenig später seine eigene Begegnung mit Christus. Ich kann mir nicht vorstellen, dass diese Erinnerung Paulus kalt gelassen hat. Er war bereit zu töten, nur um später zu realisieren, dass er das Bekenntnis, gegen das er so gewaltsam vorging, selbst doch überzeugender fand als das, wozu er vorher stand. Welche Reue, welche Scham, hat Paulus wohl verspürt? Doch Stephanus hatte noch in seinem Sterben Gott um Vergebung für seine Mörder angefleht. Was löste das bei Paulus aus? Konnte er sich Jesus Christus besser vorstellen, weil Stephanus bereit war, mit seinem ganzen Leben Christus nachzuahmen? Weil Stephanus' Glaube so glaubwürdig war? Konnte Paulus mit seinem ganzen Leben Christus nachfolgen, weil einer ihm hier so aufrichtig vorgemacht hatte, wie man das tut?

Das sind alles Versuche, mich in Paulus einzufühlen, doch letzten Endes kann ich nicht wissen, was in ihm vorging. Ich kann nur erahnen, wie Stephanus' Handeln einen neubekehrten Paulus hätte beeinflussen können. Es ist ein Beispiel dafür, dass unser aufrichtiges Einstehen für unseren Glauben auch die Herzen derer bewegen kann, die ursprünglich gegen uns waren. Wir kennen aus unserem eigenen Leben, aus unserer Zeit, Leute, die kompromisslos für ihre Sache einstehen. Wir sehen, wie ihr Mut und ihr Handeln Wellen schlägt und wie sich Dinge verändern. Es sind Leute wie Stephanus, die unsere Welt verändert haben. Menschen- und Kinderrechte, Gleichberechtigung, unser Gesundheitssystem, Mindestlöhne … – all diese Dinge existieren, weil Leute bereit waren, mit ihrem Leben für das, woran sie glauben, einzustehen.

Christus beeinflusste Stephanus. Stephanus beeinflusste Paulus. Paulus beeinflusste so viele. Sie traten für Frieden und Hoffnung ein. Für eine Welt, in der Gottes Liebe alles verändert. Sie waren bereit, mit ihrem ganzen Leben für diesen Glauben einzustehen. Christus starb für die Rettung der Welt. Stephanus und Paulus gaben ihr Leben als Pfand ihres Glaubens. Sie haben viele Leute beeinflusst und inspiriert. Sie haben über ihr Leben hinausgestrahlt. Unsere Welt ist anders wegen Leuten wie ihnen.

Heute ist es an uns: Wenn wir alles geben für das, woran wir glauben, dann ist das sichtbar. Etwas verändert sich. Viele von uns wären nicht bereit zu sagen, dass sie für ihren Glauben sterben würden. Doch auch wenn wir am Ende friedlich im Bett sterben, schmälert es unsere Aufrichtigkeit und unsere Hingabe nicht. Wir können trotzdem unser ganzes Leben für etwas einsetzen. Manchmal wäre es vielleicht sogar einfacher zu sterben als zu kämpfen. Doch so wie Christus Stephanus und später Paulus den Mut und die Kraft gab, für ihren Glauben zu sterben, genauso gibt Christus auch uns den Mut und die Kraft für das zu leben, woran wir glauben. Unser ganzes Leben zu geben. Für Frieden. Für das Gute. Für unsere Welt. Denn wenn wir mit Christus aufstehen und hingehen, dann wird sich die Welt verändern.

Amen

Gebet

Gott, Du Quelle unserer Kraft,
Wenn uns die Worte fehlen, schweige Du mit uns.
Hilf uns aushalten, was nicht auszuhalten ist.
Hilf uns mit dem, was wir nicht verstehen können, umzugehen.
Wenn wir sprechen, sprich Du durch uns.
Erfülle uns mit Weisheit und Nächstenliebe, sodass wir die richtigen Worte finden.
Hilf uns erkennen, wann es Zeit ist zu reden
und wann die Zeit kommt, um still und doch anwesend zu sein.
Wenn wir handeln, handle Du in uns.
Schenke uns Mut und Kraft, für das hinzustehen,
woran wir glauben.
Lass unsere Herzen brennen, für das, was unsere Aufgabe ist.

Christus, Du Vorbild der Märtyrer und Märtyrerinnen,
Du bist als Vorbild vorangegangen und so viele sind Dir gefolgt.
Sie haben ihr Leben dafür genutzt, es Dir gleichzutun.
Sie sind für Gerechtigkeit eingestanden,
haben in Krisengebieten Kranke und Verletzte versorgt
und mit den Trauernden getrauert.
Manche sind im Bett gestorben, andere sind Dir in den Tod gefolgt.
Begleite Du die Weltveränderer unserer Zeit.
Schenke ihnen Mut und Kraft.
Stärke sie mit der Gewissheit, dass sie ihren Weg nicht alleine gehen.
Schenke ihnen Ruheorte und Freunde und Freundinnen.
Erfülle sie mit Hoffnung und Überzeugung.
Lass ihren Fuss nicht straucheln.
Hilf ihnen, ihren Weg kompromisslos zu Ende zu gehen.
Tröste Du die Trauernden.
Die Hinterbliebenen derjenigen, die Dir in den Tod gefolgt sind.
Steh ihnen bei.

Hilf ihnen, mit der unermesslichen Trauer des Verlustes umzugehen.
Stärke Du die Felsen, auf denen die Kämpfenden unserer Zeit stehen.
Die Familien und Freundinnen und Freunde, die sie tragen und unterstützen.
Die Menschen, die ihre Energie dazu einsetzen,
dass andere unsere Welt verändern können.
Die Menschen, die die Angst, geliebte Menschen zu verlieren, aushalten müssen.

Heiliger Geist Du Wandler unserer Gesinnung,
Du veränderst uns.
Du veränderst unser Denken und unseren Sinn.
Du wandelst unsere Herzen und öffnest unsere Ohren.
Du hilfst uns zuhören.
Du hilfst uns sehen.
Du machst uns bereit dazu aufzustehen und hinzugehen.
Du hilfst uns mit anzupacken, aber Du hilfst uns auch, unsere Mitmenschen zu verstehen.
Wandle Du die Herzen derer, die dem Glauben anderer kompromisslos begegnen.
Verändere die Menschen, die Leid und Zerstörung verbreiten.
Lass sie inspiriert werden zu Deinem Frieden.
Mache Feinde zu Freunden.
Schaffe Verständnis, wo Hass herrscht.
Lass die leuchten, die bereit sind, ihr Leben für ihren Glauben zu geben.
Schenke ihnen Trost in dunklen Zeiten
und ein inneres Feuer, ihr Leben einzusetzen.
Lass ihr Handeln und ihre Überzeugung unsere Welt erneut verändern.
Schenke uns ein neues Herz,
neuen Mut und neue Kraft, es ihnen gleichzutun.

Hilf uns, auch für unseren Glauben einzustehen.
Wandle uns zu Menschen, die bereit sind, für Frieden, Liebe und Gerechtigkeit in der Welt einzustehen und nicht zu weichen,
bis wir unseren Teil getan haben.

Amen

Gemeinsam paddeln

Franziska Escher

Apg 8,26–39
*26 Ein Engel des Herrn aber sprach zu Philippus: Mach dich auf
und geh nach Süden auf die Strasse, die von Jerusalem nach Gaza
hinabführt; sie ist menschenleer. 27 Und er machte sich auf und
ging. Da kam ein äthiopischer Hofbeamter vorüber, ein Eunuch
der Kandake, der Königin der Äthiopier; er war ihr Schatzmeister.
Der war nach Jerusalem gereist, um dort zu beten. 28 Nun befand
er sich auf dem Heimweg; er sass auf seinem Wagen und las im
Propheten Jesaja. 29 Da sprach der Geist zu Philippus: Geh und
folge diesem Wagen. 30 Philippus holte ihn ein und hörte, wie er
im Propheten Jesaja las, und sagte: Verstehst du, was du da liest?
31 Der sagte: Wie könnte ich, wenn niemand mich anleitet? Und
er bat Philippus, auf den Wagen zu steigen und sich zu ihm zu
setzen. 32 Der Abschnitt der Schrift, den er las, war folgender: Wie
ein Schaf wurde er zur Schlachtbank geführt; und wie ein Lamm,
das vor seinem Scherer verstummt, so tut er seinen Mund nicht
auf. 33 In seiner Erniedrigung wurde aufgehoben das Urteil gegen
ihn; doch von seinem Geschlecht, wer wird davon erzählen? Denn
weggenommen von der Erde wird sein Leben. 34 Der Eunuch
sagte nun zu Philippus: Ich bitte dich, sage mir, von wem spricht
hier der Prophet? Von sich oder von einem anderen? 35 Da tat
Philippus seinen Mund auf und begann, ihm von dieser Schrift-
stelle ausgehend das Evangelium von Jesus zu verkündigen.
36–37 Als sie weiterzogen, kamen sie zu einer Wasserstelle, und
der Eunuch sagte: Schau, hier ist Wasser; was steht meiner Taufe
noch im Weg? Er sagte zu ihm: Wenn du von ganzem Herzen
glaubst, ist es möglich. Er antwortete: Ich glaube, dass der Sohn*

Gottes Jesus Christus ist. 38 Und er liess den Wagen anhalten, und sie stiegen beide ins Wasser hinab, Philippus und der Eunuch, und er taufte ihn. 39 Als sie aber aus dem Wasser stiegen, entrückte der Geist des Herrn den Philippus, und der Eunuch sah ihn nicht mehr; doch er zog voll Freude seines Weges.

Predigt

Kennen Sie die Geschichte vom Frosch in der Sahne? Ein Frosch war in einen Sahnetopf gefallen. Er wusste nicht, wie er wieder herauskommen sollte. Da kam eine Kröte vorbei und fragte: «Kann ich dir helfen?» Der Frosch nickte dankbar. Die Kröte hüpfte in den Topf und sagte: «Komm, wir paddeln zusammen!» Und sie legten los: Beide paddelten und paddelten.

Und siehe da: Die Sahne wurde zu Butter! Beide konnten aus dem Topf hüpfen. Quakend ging der Frosch nach Hause.

Liebe Gemeinde,

Wie passt diese Geschichte zu Philippus und dem Eunuchen?

Philippus kommt einen Weg entlang und hört, dass der Eunuch auf seinem Wagen sitzt und liest. Der Eunuch hat nämlich halblaut vorgelesen – wie das in der Antike üblich war.

Philippus hört sozusagen das Paddeln des Eunuchen. Philippus hört hin. Aus dem Hinhören wird ein Hinlaufen des Philippus. Ein genaues Hinhören. Aus dem Hinhören wird ein Zuhören. Aus dem Zuhören wird ein Nachfragen: «Verstehst du eigentlich, was du hier liest?», fragt Philippus den Eunuchen. Philippus möchte wissen, ob der Eunuch alles versteht – inhaltlich und sprachlich. Gleichzeitig ist es aber auch eine Einladung, gemeinsam über das Gelesene zu reden.

Die von Philippus gestellte Frage: «Verstehst du, was du da liest?» – meint: «Wollen wir zusammen versuchen zu verstehen, was wir lesen?»

Philippus weiss, dass Gottes Wort erste Sahne ist. Der Eunuch weiss es auch, aber es gelingt ihm einfach nicht so recht, die Sache zu greifen. Sie rinnt ihm immer wieder durch die Finger. Der Eunuch antwortet und nimmt das Angebot an: «Wie könnte ich das verstehen, wenn niemand mich anleitet?», fragt er.

Das Gespräch dreht sich nun um die Jesajaworte. Im Gespräch wird das Gelesene verständlich. So arbeiten sie gemeinsam an dem Text. Sie paddeln also gemeinsam.

Doch der Eunuch bleibt hartnäckig und gibt nicht nach. Er fragt nach, wie die Jesajaworte gemeint sind. Der Eunuch ist auf Philippus angewiesen, und Philippus wird auf den Eunuchen verwiesen. Ohne einander würde es nicht funktionieren. Beide müssen sich auf die Fragen und die Antworten des anderen einlassen. Am Ende entsteht durch das gemeinsame Paddeln eine herrliche, teure Butter: Ein Gespräch über die Jesajaworte.

Gute und kostbare Butter schmilzt auf der Zunge dahin – die Kostbarkeit des Dialogs ebenso. Es zeigt: Glaubensgespräch ist kein Monolog. Es geht einfach nicht allein.

Verstehen *wir* eigentlich, was wir hier lesen?
Die Perikope bietet so viel zum Nachfragen: Handelt es sich hier um den ersten Fall von Heidenmission?

War der Eunuch jüdisch oder nicht? Schliesslich kommt er nach Jerusalem, um dort zu beten. Aber warum nennt der gemeinsame Autor der Apostelgeschichte und des Lukasevangeliums nicht seine religiöse Zugehörigkeit? Sonst wird das doch in den beiden Werken immer gemacht.

Fragen über Fragen, die auch die neutestamentliche Exegese beschäftigen. Und es gibt (noch) keine eindeutige Antwort. Fragen helfen, Wissen auszutauschen und neue Dinge und Menschen kennenzulernen. Auch in anderen bekannten Werken wie in Goethes *Faust* begegnen sich zwei durch eine Frage:

«Nun sag', wie hast du's mit der Religion?», fragt Gretchen Faust. Die bekannte Gretchenfrage bringt Faust ziemlich ins Stolpern.

Ja, Fragen können einen auch in eine Zwickmühle bringen. Und dann kann es auch mal sein, dass die Sahne flüssig bleibt und immer noch nicht richtig greifbar. So ist es auch mit der Frage des Eunuchen zu Jesaja. Er liest ein Zitat aus dem vierten Gottesknechtslied. Dabei ist von einem anonymen Knecht die Rede, der sein Leid ohne Widerspruch annimmt. Der Eunuch fragt: Wer ist hiermit gemeint?

Philippus bietet ihm *eine* Möglichkeit, wie man es verstehen könnte: Er bezieht den anonymen Knecht auf Jesus. Gerade mit Blick auf das bevorstehende Osterwochenende stellt sich neu die Frage: Was bedeutet das Kreuz – und was hat Jesus mit mir zu tun? Wie war das denn mit der Kreuzigung

Jesu? Und seiner Auferstehung? Da kann es schon mal sein, dass man ins Schwimmen kommt.

Aber es kann richtig buttrig werden, wenn wir uns darauf einlassen. Philippus und der Eunuch zeigen: Im Gespräch kann sich das Verständnis öffnen – auch für das, was schwer zugänglich bleibt.

Fragen zu stellen, die einen beschäftigen, kann Überwindung kosten, aber es lohnt sich. Bei dem Ostergottesdienst trifft man vielleicht auf Menschen, die man nicht kennt. Wunderbare und vielfältige Menschen, die einem zunächst noch fremd sind. Vielleicht kann man ins Gespräch kommen beim Kirchenkaffee – oder man geht einfach mal nach dem Gottesdienst auf denjenigen/diejenige zu, der/die neben einem in der Bank sitzt. Warum eigentlich nicht?

Jede Person soll mit der anderen ins Gespräch kommen, die das möchte. Genauso wie Philippus und der Eunuch.

Vielleicht können wir heute anfangen damit, uns in der Sahne treiben zu lassen, gemeinsam anfangen zu paddeln und zusammen Freude zu haben beim gemeinsamen Nachdenken über das Wort Gottes.

Damit das Unbegreifbare ein bisschen greifbarer wird. Dann wird die Kirchenbank ein riesiger Sahnetopf – ein Ort des Dialogs.

Viel Spass dabei, Sahne zu Butter zu machen!

Amen

Gebet

Gott, auf einem Wagen fuhr der Hofbeamte
von Jerusalem hinab nach Gaza.
Heute geht niemand freiwillig diesen Weg.
Wir sind erschüttert über den Hass, die Gräueltaten, das Leid und die Verzweiflung.
Wir träumen von offenen Strassen und freiem Geleit,
zwischen Gaza, Jerusalem und Teheran,
zwischen Kiew und Moskau,
zwischen Goma und Kinshasa,
zwischen Khartum und Juba,
und von hier bis ans Ende der Welt.

Und wir fragen: Wie soll das geschehen? Und wann?
Lass uns nachfragen und ringen,
zuhören und Anteil nehmen,
und schenke Verständigung –
und Frieden.

Amen

Im Schatten des Scheinwerferlichts

Dorothee Zimmermann

Apg 9,1–9
1 Saulus aber schnaubte noch immer Drohung und Mord gegen
die Jünger des Herrn. Er ging zum Hohen Priester 2 und bat
ihn um Briefe an die Synagogen in Damaskus, dass er, wenn er
Anhänger dieses neuen Weges dort finde – Männer und auch
Frauen –, sie gefesselt nach Jerusalem bringen solle. 3 Als er
unterwegs war, geschah es, dass er in die Nähe von Damaskus
kam, und plötzlich umstrahlte ihn ein Licht vom Himmel; 4 er
stürzte zu Boden und hörte eine Stimme zu ihm sagen: Saul, Saul,
was verfolgst du mich? 5 Er aber sprach: Wer bist du, Herr? Und
er antwortete: Ich bin Jesus, den du verfolgst. 6 Doch steh auf und
geh in die Stadt, und es wird dir gesagt werden, was du tun sollst.
7 Die Männer aber, die mit ihm unterwegs waren, standen sprach-
los da; sie hörten zwar die Stimme, sahen aber niemanden. 8 Da
erhob sich Saulus vom Boden; doch als er die Augen öffnete, konnte
er nicht mehr sehen. Sie mussten ihn bei der Hand nehmen und
führten ihn nach Damaskus. 9 Und drei Tage lang konnte er nicht
sehen, und er ass nicht und trank nicht.

Predigt

In meiner Schulzeit konnte man sich für die Abschlusszeitung gegenseitig Kommentare auf einer Pinnwand hinterlassen.

Bei einer Schulfreundin von mir hatte jemand geschrieben:

«Wer ist das? – Kein Plan.» Nach acht Jahren gemeinsam auf der Schule hat dem anonymen Kommentator ihr Name nichts gesagt. Und dieser Mensch besass die Dreistigkeit, das für alle Augen sichtbar zu kommentieren.

Im Schulsetting war meine Kollegin eine von denen, die in der Masse unsichtbar scheinen. In den Geschichten, die man sich über unsere Schulzeit erzählt, kommt sie selten vor. Die Scheinwerfer waren auf andere gerichtet. Plakativ gesagt: In einem Theaterstück würde sie eine Nebenrolle darstellen, im Krippenspiel vielleicht einen Baum oder ein Schaf.

In unserer Geschichte heute ist Saulus derjenige, auf den wortwörtlich alle Scheinwerfer gerichtet sind. Ein Licht aus dem Himmel strahlt ihn an. Und Jesus schmeisst diesen Strahler nur mit der Absicht an, ihm zu begegnen.

Wer sind in unserer Geschichte die Unscheinbaren? Es sind die Männer ohne Namen. Plötzlich, ohne Einführung, tauchen sie in der Geschichte auf, nach dem Dialog zwischen Saulus und Jesus. Da heisst es nämlich:

«Die Männer aber, die mit ihm zusammen unterwegs waren, standen sprachlos da. Sie hörten zwar die Stimme, doch sie sahen niemanden.»

Wie sieht die Geschichte aus ihrer Perspektive aus?

Sie waren ungefähr eine Woche unterwegs, waren gemeinsam durch eine öde Landschaft gestapft. Denn eine so lange und gefährliche Reise wäre allein zu waghalsig gewesen.

Kurz vor Damaskus, dem Ziel der Reise, werden sie überrascht: Plötzlich wird Saulus von einem sehr hellen Licht vom Himmel angestrahlt. Geblendet von diesem hellen Licht fällt Saulus zu Boden. Sie bekommen irgendwie mit, wie Saulus mit diesem hellen Licht redet.

Als wäre da ein Mensch in dem Licht oder als wäre das Licht ein Mensch? Was da genau passiert, verstehen sie nicht. Und dann ist Saulus blind. Er ist auf die Männer angewiesen. Sie, die nicht verstehen, was da genau passiert ist, haben sein Schicksal in der Hand.

Sie führen ihn an der Hand nach Damaskus. Vermutlich sind sie verunsichert, weil sie die Auswirkungen noch nicht abschätzen können. Ironischerweise bleibt ihr Plan gleich: Saulus nach Damaskus begleiten. Und gleichzeitig ist ihnen klar: Diese Begegnung sorgt für eine Planänderung. Da ist ein blinder Saulus mit einer Begegnung der anderen Art. Es gibt wohl mehrere Gründe anzunehmen, dass sie jetzt keine Christusgläubigen mehr gefangen nehmen und wegbringen werden. Gefangen ist höchstens noch Saulus in seiner Blindheit. Und die Männer sind es, die ihn aus der Wüste wegbringen.

Wie haben sich diese Begleiter danach gefühlt? Was ist danach mit ihnen passiert? Was hat dieses Erlebnis mit ihnen gemacht? Hätte sich der eine oder andere gewünscht, dass Gott ihm auf diese Weise begegnet? Darüber können wir nur spekulieren. Denn in Lukas' Geschichte tauchen die Begleiter nicht mehr auf. Genau so plötzlich, wie sie aufgeploppt sind, verschwinden sie in seiner Erzählung auch wieder in der Bedeutungslosigkeit.

Doch obwohl sie in Lukas' Erzählung noch nicht einmal einen Namen haben, funktioniert die Geschichte nur mit ihnen. Sie sind zwar namenlose Nebencharaktere, aber:

- Ohne sie hätte Saulus nie verreisen können. Ein einwöchiger Trip durch die öde Landschaft war viel zu gefährlich.

- Ohne sie wäre der plötzlich blinde Saulus niemals nach Damaskus gekommen. Saulus war darauf angewiesen, von den Männern geführt zu werden. Sie harren mit ihm aus in seiner Angewiesenheit und Hilflosigkeit.

Dieses helle Licht, das Saulus gesehen hat, dieser Aha-Moment, richtet sich nur an ihn: Jesus begegnet nur ihm. Deshalb versteht nur Saulus wirklich, was da passiert. Den Männern bleibt es verborgen.

Paulus beschreibt die Begegnung mit Jesus später als Begegnung mit dem Auferstandenen. Er wird zum Zeugen der Auferstehung Jesu und gehört damit zu denen, die dem Auferstandenen begegnet sind und davon erzählen können. Er wird Teil von Gottes Geschichte mit den Menschen.

Aber auch die Männer ohne Namen sind Teil dieser Geschichte Gottes mit den Menschen. In Gottes Erzählung ist das anders: Gott kennt sie. Und die Männer haben mit Gott ihre ganz eigene Geschichte.

Wie Saulus und die Männer, deren Namen wir nicht erfahren, sind wir alle Teil von Gottes Geschichte mit den Menschen. Und wir dürfen uns sicher sein: Auch wenn aus menschlicher Perspektive keine Scheinwerfer auf uns gerichtet sind, wenn wir in den grossen Geschichten unserer Zeit nur als namenlose Statisten auftauchen: In Gottes Geschichte sind wir deshalb nicht weniger wichtig. In Gottes Erzählung hast du einen Namen.

Vor zwei Jahren hatte mein Abiturjahrgang ein Jubiläumstreffen in einem Kulturhaus. In der Schule war meine Freundin für viele unsichtbar. Im Kulturhaus hat sie eine Hauptrolle: Sie leitet Tanzgruppen und nimmt an Wettbewerben teil. Bei unserem Jahrgangstreffen waren wir alle auf ihrer Bühne. Hier tanzt sie, und alle schauen bewundernd zu. Das ist die Erzählung von Elisa.

Gebet

Gott des Lichts,
Du hast Saulus auf seinem Weg überrascht
und ihn in eine neue Geschichte hineingestellt.
Du siehst auch die Namenlosen,
die Begleitenden, die im Hintergrund bleiben,
die Unsichtbaren, ohne die die Wege nicht gelingen.
Wir bitten Dich:
Öffne unsere Augen für die,
auf die keine Scheinwerfer gerichtet sind.
Lass uns erkennen, wie wichtig sie sind –
in Deiner Geschichte, in unserem Leben, in Deiner Welt.
Danke, dass wir alle bei Dir einen Namen haben
und Teil Deiner Erzählung sind.

Amen

Was willst du, dass ich dir tue?

Dominik Stöckli

Apg 10,24–36

24 Am Tag darauf kam er nach Cäsarea. Kornelius, der seine Verwandten und seine engsten Freunde zusammengerufen hatte, erwartete sie schon. 25 Als Petrus unter der Tür stand, ging ihm Kornelius entgegen und warf sich voller Ehrfurcht ihm zu Füssen.
26 Petrus aber richtete ihn auf und sagte: Steh auf! Auch ich bin ein Mensch. 27 Und im Gespräch mit ihm trat er ein und fand
viele Leute versammelt. 28 Und er sagte zu ihnen: Ihr wisst, wie unstatthaft es für einen Juden ist, mit einem Fremden aus einem anderen Volk zu verkehren oder gar in sein Haus zu gehen. Mir aber hat Gott gezeigt, dass ich keinen Menschen gewöhnlich oder unrein nennen soll. 29 Darum bin ich, ohne zu widersprechen,
gekommen, als du nach mir schicktest. Ich würde nun gerne erfahren, aus welchem Grund ihr mich habt kommen lassen. 30 Da
sprach Kornelius: Vor vier Tagen um die gleiche Zeit, zur neunten Stunde, war ich beim Gebet in meinem Haus; da stand auf einmal ein Mann vor mir in einem leuchtenden Gewand, 31 und er
sprach: Kornelius, dein Gebet ist erhört und deiner Almosen ist gedacht worden vor Gott. 32 Schicke nun nach Joppe und lass den
Simon rufen, der den Beinamen Petrus trägt; er ist zu Gast im Haus des Gerbers Simon am Meer. 33 Da habe ich unverzüglich
nach dir gesandt, und es ist gut, dass du gekommen bist. Wir sind jetzt alle hier vor Gott versammelt, um all das zu hören, was dir vom Herrn aufgetragen ist. 34 Petrus tat seinen Mund auf und
sprach: Jetzt erkenne ich wirklich, dass bei Gott kein Ansehen der Person ist, 35 sondern dass ihm aus jedem Volk willkommen ist,
wer ihn fürchtet und Gerechtigkeit übt. 36 Das ist das Wort, das

er den Israeliten gesandt hat, als er die Botschaft des Friedens verkündigte durch Jesus Christus, der Herr ist über alle.

Predigt

Ich war in meinem Leben zirka 60 Tage im Gefängnis.

Nicht etwa, weil ich ein Verbrechen begangen habe. Im Jahr 2022 hatte ich eine Stellvertretung in der Gefängnisseelsorge des Kantons Solothurn.

Anders als die Seelsorge im Spital ist die Seelsorge im Gefängnis nicht aufsuchend. Es ist also nicht erlaubt, von Zelle zu Zelle zu gehen, sondern die Insassen müssen sich jeweils ein paar Tage vor dem Termin auf eine Liste für die Seelsorge eintragen. Das ist sehr dankbar, denn so hatte ich immer mit Menschen zu tun, die mit einem Anliegen kamen. Die Seelsorge im Gefängnis hat in der Regel zweierlei zu bieten: Einerseits ist sie ganz praktisch Anlaufstelle für Bibeln, Korane, Rosenkränze, Mandalas und Farbstifte, die den Aufenthalt in der Zelle etwas kurzweiliger gestalten. Andererseits ist sie der Ort, an dem Gespräche über Gott und die Welt ihren festen Platz haben.

Die Geschichte von Kornelius hat mich an eine Begegnung aus dieser Zeit erinnert.

Es war ein Mittwochmorgen und ich wartete alleine mit dem Notfallhandy im Besucherraum auf die erste eingetragene Person. Von den Insassen wusste ich jeweils nur die Nachnamen, nie das Delikt, ich bin ja auch kein Anwalt. Das heisst, mir war die Geschichte des Menschen, den ich da vor mir hatte, nicht bekannt; nur, dass er aus irgendeinem Grund im Knast gelandet war. Das Kopfkino begann vor jedem Erstgespräch auf Hochtouren zu laufen: Kommt da gleich ein Mörder zur Tür herein? Oder ein Pädophiler? Ein einfacher Strassendieb? Trotz dieser Hintergedanken versuchte ich mich jeweils so gut wie möglich unvoreingenommen auf eine erste Begegnung einzulassen.

Normalerweise lief eine Erstbegegnung so ab, dass ich mich kurz vorstellte, den Insassen dann das Seelsorgegeheimnis erläuterte, dass also alles, was hier drin gesprochen wird, auch hier drin bleibt. Dann fragte ich jeweils: Wie kann ich Ihnen behilflich sein? Und der Insasse sagte, was er brauchte.

Doch dieses Mal verlief die Begegnung ein wenig anders: Dieser Mann Mitte zwanzig fing einfach aus dem Nichts an zu weinen. Er erzählte, dass er jetzt wieder sitze wegen einer Bagatelle, die er noch ausstehen müsse. Er erzählte mir – gefühlt – sein halbes Leben. Eine Ansammlung von schlechten Erfahrungen, Drogen, abwesenden Eltern und dem Gefühl, alleine gelassen zu sein.

Und genau das mache ihm am meisten Sorge, dieses Wissen darum, dass selbst seine Freundin jetzt nicht wisse, wo er sei.

Um ehrlich zu sein, wisse er selbst nicht genau, warum er hier bei mir sitze. Er wisse nur, das letzte Mal, als er im Gefängnis war, da sei er auch bei einem Gefängnisseelsorger gewesen und sie hätten zusammen gebetet und dann sei es in der Folge tatsächlich besser geworden.

Auch Petrus geht – wohl mit einigen Hintergedanken im Kopf und einem flauen Gefühl im Magen – mit den Gesandten des Kornelius mit. Er trifft bei ihm ein, wird sehr einladend empfangen, Kornelius fällt ihm sogar zu Füssen! Dann kommt er mit Kornelius ins Gespräch und lässt ihn verstehen, dass es ihm eigentlich nicht gestattet wäre, mit ihm zu verkehren – mit ihm dürfe er gar keine Gemeinschaft haben. Aber Gott habe ihm das Okay gegeben, also folge er diesem Ruf. Nun steht er also da und fragt quasi in die Runde: Warum bin ich hier? Was willst du von mir?

Ähnlich lief es in der Gefängnisseelsorge: Bei jedem neuen Insassen war es dieselbe Frage: Was willst du von mir? Warum bin ich hier? Meistens war es tatsächlich nichts Grosses: eine Bibel, Mandalas oder Farbstifte. Oder einfach ein bisschen plaudern, weil sie wegen Kollusionsgefahr noch in Einzelhaft waren. Kollusionsgefahr bedeutet auch Verdunkelungsgefahr, für die Insassen ein Kontaktverbot nach aussen und innen, damit sie keine Spuren verwischen können. Es kann also tatsächlich sein, dass ihre Angehörigen erst nach drei Monaten erfahren, wo sie sich befinden!

Was antwortet Kornelius dem Petrus? Er erzählt ihm, wie Gott auch ihm erschienen sei. Gott habe ihm aufgetragen, nach Petrus zu schicken. «Und es ist gut, dass du gekommen bist. Wir sind jetzt alle hier vor Gott versammelt, um all das zu hören, was dir vom Herrn aufgetragen ist.» Er sagt ihm also: «Erzähle! Was hast du uns zu berichten?»

Auch ich wurde, so wie Petrus, zu Menschen gerufen oder wurde aufgesucht, weil ich irgendetwas mit diesem Jesus Christus zu tun habe. Nicht alle wissen so konkret wie Kornelius, was sie genau hören wollen. Aber da ist eine Erwartung. Nicht laut ausgesprochen, aber spürbar: Dass ich nicht schweige, sondern erzähle, was mir aufgetragen ist. Mir gegenüber sitzt also dieser junge Mensch, der nicht genau weiss, was er von mir will, aber sich daran erinnert, dass beim letzten Mal ein Gebet geholfen hat.

So lag es auf der Hand, ihm das nochmals anzubieten. In seiner hoffnungslosen Lage ein Gebet zu sprechen, damit sich der Knopf in seiner Geschichte löse.

Hätten Sie sich getraut? Hätten Sie auch ein wenig schwitzige Hände gekriegt? Was, wenn ich den Typen nächste Woche wiedersehe und dieses Gebet hat rein gar nichts «genützt»? Ich kann ihm wohl zuhören, doch die göttliche Hilfe, die kann ich nicht erzwingen. Also sagte ich ihm das genau so: Garantien gibt es keine. Doch wir können gerne gemeinsam beten. Er nickte – und wir beteten gemeinsam für seine Situation.

Eine Woche lang ging mir diese Begegnung nach. Was passiert nun in diesem Leben? Wen treffe ich da nächste Woche an? Was, wenn nichts passiert ist? Was, wenn alles beim Alten bleibt?

Nächsten Mittwoch ging ich also wieder ins Gefängnis. Aber der Name war nicht auf der Liste! Ich dachte schon, sehr gut, dieses Problem hat sich von alleine erledigt, er ist wieder draussen. Doch die betreuenden Personen teilten mir mit, der Insasse habe lediglich eine Einvernahme. Er habe heute leider keine Zeit.

Eine Woche später. Nun stand er wieder auf der Liste. Und ich war auf alles gefasst.

Doch da trat mir ein sehr gelassener Häftling entgegen. Die Kollusionsgefahr sei aufgehoben. Seine Freundin wisse nun, wo er sei. Wir plauderten noch ein wenig über den Gefängnisalltag und gegen Ende des Gesprächs fragte ich ihn fast ein wenig erstaunt: «Dann hat Ihnen das Gebet also geholfen?» Und er meinte: «Gott hat mir geholfen.»

Und mir auch.

Amen

Gebet

Ich danke Dir, Gott,
dass Du uns auf all unseren Wegen begleitest.
Auch wenn ich Dich nicht spüre, nicht sehe, nicht erlebe –
Du bist da!
Schreibe mir diese Zuversicht in mein Herz:
Du hast mir geholfen.
Und Du wirst mir wieder helfen.
Ich vertraue auf Dich.

Amen

Himmlisches Kino – Petrus und das Segel

Maik-Andres Schwarz

Apg 11,1–18

*1 Die Apostel und die Brüder und Schwestern in Judäa hörten
davon, dass auch die anderen Völker das Wort Gottes empfangen
hatten. 2 Als Petrus nun nach Jerusalem hinaufkam, machten die
aus der Beschneidung ihm Vorwürfe 3 und sagten: Bei Unbeschnittenen bist du eingekehrt und hast mit ihnen gegessen! 4 Petrus aber begann, ihnen alles der Reihe nach darzulegen, und
sprach: 5 Ich bin in Joppe gewesen und habe gebetet. Da geriet ich
in Ekstase und hatte eine Vision: Ich sah eine Art Gefäss herab-
kommen, wie ein grosses Leinentuch, das an seinen vier Enden
vom Himmel herabgelassen wurde, und es kam bis zu mir herunter. 6 Ich schaute hinein und stutzte: Ich sah die Vierfüssler der
Erde, die wilden Tiere, die Kriechtiere und die Vögel des Himmels.
7 Ich hörte aber auch eine Stimme, die zu mir sagte: Steh auf, Petrus, schlachte und iss! 8 Ich aber sagte: Niemals, Herr! Gemeines
oder Unreines ist noch nie in meinen Mund gekommen. 9 Doch
zum zweiten Mal sprach eine Stimme vom Himmel her: Was Gott
für rein erklärt hat, das nenne du nicht unrein. 10 Dies geschah
noch ein drittes Mal, dann wurde alles wieder in den Himmel hinaufgezogen. 11 Und siehe da: Drei Männer standen vor dem
Haus, in dem wir uns befanden; die waren von Cäsarea aus zu mir
geschickt worden. 12 Der Geist aber hiess mich, ohne Bedenken
mit ihnen zu ziehen. Mit mir gingen auch die sechs Brüder hier,
und wir kamen in das Haus jenes Mannes. 13 Er berichtete uns,
wie er in seinem Haus den Engel gesehen habe, der zu ihm getre-
ten sei und gesprochen habe: Schicke nach Joppe und lass Simon
kommen, der den Beinamen Petrus trägt! 14 Er wird Worte zu dir*

sprechen, durch die du gerettet wirst, du und dein ganzes Haus.
15 Kaum hatte ich zu sprechen angefangen, kam der heilige Geist
über sie, so wie er am Anfang auch über uns gekommen ist. 16 Ich
aber erinnerte mich an das Wort des Herrn, wie er gesagt hatte: Johannes hat mit Wasser getauft, ihr aber werdet mit heiligem Geist getauft werden. 17 Wenn nun Gott ihnen, da sie zum Glau-
ben an den Herrn Jesus Christus gekommen sind, dieselbe Gabe geschenkt hat wie uns, wer bin ich, dass ich Gott hätte in den Weg treten können? 18 Als sie dies gehört hatten, beruhigten sie sich,
priesen Gott und sprachen: Nun hat Gott also auch den anderen Völkern die Umkehr zum Leben gewährt.

Predigt

I. Himmlischer Auftrag oder nur eine gute Ausrede?

Die Luft ist dick. Der Raum kocht. Und es ist nicht allein wegen des Wetters, sondern seinetwegen. Schon bei seiner Ankunft in Jerusalem hatte Petrus das geahnt. Jetzt kann er es sehen, in den finsteren Falten in Jakobus' Gesicht. Jetzt spürt er es, in den hitzigen Worten, die hin und her fliegen: «Bei Unbeschnittenen bist du eingekehrt und hast mit ihnen gegessen!» Jetzt fliegt es ihm um die Ohren, denkt er. Für einen Moment hält Petrus den Atem an und schliesst die Augen. Was sollte er antworten? Er hatte sich verschiedene Ausreden zurechtgelegt. Doch jetzt sah er nur wieder jenes Segel vor seinem inneren Auge. Er musste ihnen davon erzählen.

Er öffnet die Augen. Jakobus schaut ihn unverblümt an: «Du hast es gehört. Erkläre dich!»

4 Petrus aber begann, ihnen alles der Reihe nach darzulegen, und
sprach: 5 Ich bin in Joppe gewesen und habe gebetet. Da geriet ich in Ekstase und hatte eine Vision: Ich sah eine Art Gefäss herab-

kommen, wie ein grosses Leinentuch, das an seinen vier Enden vom Himmel herabgelassen wurde, und es kam bis zu mir herunter. 6 Ich schaute hinein und stutzte: Ich sah die Vierfüssler der Erde, die wilden Tiere, die Kriechtiere und die Vögel des Himmels. 7 Ich hörte aber auch eine Stimme, die zu mir sagte: Steh auf, Petrus, schlachte und iss! 8 Ich aber sagte: Niemals, Herr! Gemeines oder Unreines ist noch nie in meinen Mund gekommen. 9 Doch zum zweiten Mal sprach eine Stimme vom Himmel her: Was Gott für rein erklärt hat, das nenne du nicht unrein. 10 Dies geschah noch ein drittes Mal, dann wurde alles wieder in den Himmel hinaufgezogen.

Eine himmlische Kinovorstellung auf einem Segel soll Petrus also überzeugt haben. Das klingt nach einer fantastischen Ausrede – zumal in einer Zeit, in der es noch kein Kino gibt. Doch das «Niemals!» nehme ich Petrus ab. «Niemals, Herr! Gemeines oder Unreines ist noch nie in meinen Mund gekommen!» Da ist jemandem etwas in Fleisch und Blut übergegangen. Was die Stimme, was Gott von ihm will, widerspricht ihm tief in seinem Innersten.

II. Gelernt ist gelernt

Dieses Nie reicht bis in Petrus' Kindheit zurück. Es wird angenommen, dass Simon Petrus in Betsaida, einem Ort nördlich des Sees Gennesaret, geboren wurde. Archäologische Funde – nicht-koschere Fischgräten und sogar Schweineknochen – deuten darauf hin, dass die Mehrheit der Bevölkerung nicht-jüdisch geprägt war. Vermutlich haben die wenigen Juden in Betsaida einen Lifestyle gelebt, der sich kaum von ihren heidnischen Nachbar:innen unterschied. Zuhause wurde Aramäisch gesprochen. Überall sonst: Griechisch. Man wurde mit griechischen Namen angesprochen, Andreas, wie sein Bruder, und Philipp zum

Beispiel. Vielleicht geht Simons griechischer Spitzname Petrus sogar schon auf diese Zeit zurück.

Doch auch sein erster Name, Simon, soll etwas aussagen. Simeon oder Simon wurden nur Kinder in Familien genannt, die ernsthaft nach der Tora lebten. Sein späterer Weg führte ihn von Betsaida nach Kafarnaum, wo er heiratete – in ein jüdisches Milieu, das die Toraregeln konsequenter einhielt. All das spricht also dafür, dass Petrus aus einer Familie kam, die ihre jüdische Identität sehr ernst nahm – ganz im Gegensatz zu ihrem Umfeld.

Die Regeln, welche Speisen rein und unrein waren, und die Grenze, mit wem man gemeinsam essen durfte und mit wem nicht, mussten ihm seine Eltern also schon früh beibringen. Und zwar so, dass es der kleine Simon verstand.

Ich kenne das aus meiner Familie auch, dass Wert darauf gelegt wird, mit wem man isst. Und vor allem, wie man isst. Als kleiner Junge sass ich bei Familienfeiern am liebsten neben meinem Grossvater. Während wir dann so am Tisch sassen und warteten, bis das Essen kam, erklärte er mir geduldig, was es mit dem Gedeck auf dem weissen Tischtuch auf sich hatte. Besonderen Wert legte er auf den kleinen Löffel.

Wenn ich am Tisch die Ellbogen auf den Tisch legte, ermahnte mich mein Grossvater freundlich. Je älter ich wurde, desto mehr Wert legte er darauf, dass ich mich an seine Tischsitten hielt. Wenn ich nicht folgte, konnte er auch ganz schön hart werden. Das lag sicher daran, dass mein Grossvater ein sehr gewissenhafter Mensch war. Das war Teil seines Charakters. So war er einfach.

Später erfuhr ich, dass diese Haltung tief in der Familiengeschichte verwurzelt ist. Nach dem Krieg mussten er und seine Familie flüchten und landeten plötzlich auf einem Bauernhof in Süddeutschland. Sie wohnten in kleinen Kammern mit Stallgeruch – weit entfernt von dem bequemen, bürgerlichen Leben in der Stadt, das die Familie in Schlesien gekannt hatte.

Nase rümpfen half nichts. Und doch wollte die Familie nicht verlieren, was sie ausmachte. Zu ihrer Geschichte gehörte, dass sie nicht schon immer im Stallgeruch gelebt hatten. Zu ihrer Identität gehörte, dass sie wussten, wie man sich bei Tisch benahm.

So etwas ist nicht nur Kopfwissen. Es wird zur Intuition, die mir in Fleisch und Blut übergeht. Es ist verwoben mit Erinnerungen an meine Mutter, meinen Grossvater. Es wird von Generation zu Generation weiter getragen. Und es macht sich an Symbolen fest: in meinem Fall, dem weissen Tischtuch und dem kleinen Löffel.

III. Das Segel bekommt eine neue Richtung

Für Petrus kristallisiert sich diese Prägung auch an einem besonderen Gegenstand. Es ist ein Fischer-Segel, das sich mit seiner besonderen Geschichte verbindet. Dieses Segel zieht sich wie ein roter Faden durch die Lebensgeschichte von Petrus.

In Betsaida, seiner Heimatstadt, gab es nur kleinere Fischerei-Betriebe. Den Beruf des Fischers auf einem Segelboot ergriff Petrus erst in Kafarnaum. Nach Kafarnaum zu gehen, hiess: seinen Überzeugungen treu zu bleiben.

Es war in Kafarnaum – vielleicht gerade, als er das Segel einholte –, als Jesus von Nazareth plötzlich vor ihm stand und ihn zu sich rief und ihn bat, nochmals das Segel zu hissen, um den Fang seines Lebens zu machen. Petrus folgte Jesus und verliess sein Segelboot. Doch das Segel blieb symbolisch an seiner Seite. Schliesslich spielt Jesus direkt an seinen Fischerberuf an, wenn er ihn zu sich ruft: «Von jetzt an wirst du Menschen fangen.» (Lk 5,10), als ob er sagt: «Hisse dein Segel, um ab jetzt für mich zu fischen.»

Das bedeutete zwar eine Veränderung, war aber eigentlich nur eine Weiterentwicklung. Zunächst hiess es, der Tora noch konsequenter zu folgen, indem er nach Kafarnaum ging. Später bedeutete es, dem Rabbi Jesus nachzufolgen – also entschieden Teil einer jüdischen Bewegung zu werden. Das Segel ist weiterhin das Symbol für einen konsequenten Glauben.

Das wissen auch seine Zuhörer in Jerusalem, vor denen er sich rechtfertigen muss. Sie haben gemerkt, dass es hier auch für Petrus um mehr ging.

Und nun kommt die Vision auf dem Dach ausgerechnet auf einem Segeltuch aus dem Himmel zu Petrus herab. Die Stimme ruft ihn dreimal, eine Grenze zu überschreiten, die er nicht überschreiten kann. Denn diese Grenze ist nicht nur ein Gedankenkonstrukt. Sie sitzt tief in seinem Innersten, auch emotional.

«Es kann doch nicht sein, dass die auch dazu gehören sollen, dass sie auch an den Tisch Gottes gehören sollen. Das geht doch nicht – niemals!»

«Doch», sagt die Stimme, «ich werde es dir beweisen!»

Und so beginnt Gott, eine neue Geschichte auf das Segel von Petrus zu schreiben. Es bleibt nicht bei der Kino-Vorstellung auf dem Dach. Es folgt eine besondere Begegnung mit einigen Leuten um den römischen Hauptmann Cornelius. Es ist eine starke gemeinsame Erfahrung: Gottes Geist, seine Kraft kommt genauso auf diese Leute – Nicht-Juden – wie es Petrus und die anderen an Pfingsten erlebt haben.

Diese Erfahrung bewegt etwas in ihm. Diese Erfahrung hilft ihm, der Stimme vom Dach zu vertrauen. Nach dieser Erfahrung kann Petrus es annehmen. Sie setzen sich an einen Tisch. Sie gehören jetzt zusammen. Willkommen in der Familie. Und als er in Jerusalem davon erzählt, beginnen auch bei seinen Zuhörer:innen die Grenzmauern zu bröckeln.

IV. Himmlisches Kino

Petrus' Segel hat mich zum Nachdenken gebracht: Wo in meinem Leben gibt es solche Haltungen, die so tief in mir verankert sind, dass sie mir in Fleisch und Blut übergegangen sind? Überzeugungen, die mich unbewusst von anderen abgrenzen? Ich musste zum Beispiel daran denken, worüber ich im Alltag den Kopf schüttele, wenn ich durch die Stadt laufe. Wen ich im Zug als «ausländisch» verbuche und wen nicht. Was mich so wütend macht, wenn ich es auf Social Media sehe.

Vielleicht sogar bei Dingen, die an und für sich nichts Schlechtes sind. Zum Beispiel, wo ich einer Überzeugung gefolgt bin, als ich mich zu einem Streitthema positioniert habe. Oder auch auf meinem Weg mit Gott. Wie man «richtig» betet. Oder bei der Frage, wie man Gottesdienst feiert.

Bei Petrus war es so, dass auch seine tiefsten Prägungen verändert werden konnten. Was mich besonders bewegt: Diese

Transformation ist ja fast so etwas wie eine Versöhnung mit seiner Lebensgeschichte. Käme er nicht aus einer Stadt, in der fast nur Griechisch gesprochen wurde, hätte Petrus nie so erfolgreich auch Nicht-Juden vom Glauben an Jesus erzählen können.

Das kann Gott. Er kann mich verändern. Manchmal auch durch sein himmlisches Kino. Seine Geschichte ist tiefgründig. Sein Film wird auch mal emotional. Doch vor allem schenkt er eine neue Perspektive. Aus dem Himmel öffnet er mir einen neuen Blick auf die Vergangenheit. Und das befreit mich für die Zukunft.

Amen

Gebet

Gott des Lebens,
Du kennst meine Geschichte,
Du weisst, wie ich ticke, wie ich geprägt bin, was mich im Innersten ausmacht,
was mich antreibt und mich motiviert,
woran ich fest glaube, worauf ich leise hoffe.

Jesus Christus,
Du siehst, was ich für selbstverständlich nehme, ohne darüber nachzudenken,
was mir in Fleisch und Blut übergegangen ist.
Wo ich in Abgrenzung lebe.
Ich bitte Dich, schenke mir diese Woche Deinen neuen Blick,
auf die Dinge um mich herum,
und auf mich und meine Geschichte.

Heilige Geistkraft,

ich will mich auch auf emotionaler Ebene nicht verschliessen,
mich nicht verhärten lassen,
sondern für Dich öffnen.
Du kannst mich verändern.
Schenke mir heute einen Impuls, mich und andere mit neuen Augen zu sehen.
Öffne mir die Augen, wo Ungerechtigkeit versteckt ist.
Und gib mir die Kraft, morgen eine Veränderung anzustossen, wo das nötig ist.

Amen

Über die Befreiung aus realen und mentalen Gefängnissen

Maarit Franzki

Apg 12,1–19
*1 Zu jener Zeit legte der König Herodes seine Hand auf einige aus
der Gemeinde, um ihnen Böses zuzufügen. 2 Jakobus aber, den
Bruder des Johannes, liess er durch das Schwert hinrichten. 3 Und
als er sah, dass es den Juden gefiel, liess er auch Petrus gefangen
nehmen; das war in den Tagen der ungesäuerten Brote. 4 Nach
seiner Verhaftung liess er ihn ins Gefängnis werfen und übergab
ihn zur Bewachung an vier Abteilungen von je vier Soldaten;
nach dem Passa wollte er ihn dann dem Volk vorführen. 5 Petrus
nun wurde im Gefängnis bewacht, die Gemeinde aber betete unablässig für ihn zu Gott. 6 In der Nacht, bevor Herodes ihn vorführen wollte, schlief Petrus zwischen zwei Soldaten, an die er mit
zwei Ketten gefesselt war, während Posten vor der Tür das
Gefängnis bewachten. 7 Und siehe da: Ein Engel des Herrn trat zu
ihm, und Licht erstrahlte im Verlies. Er stiess Petrus in die Seite,
weckte ihn und sprach: Steh eilends auf! Da fielen ihm die Ketten
von den Händen. 8 Der Engel sagte zu ihm: Gürte dich und binde
deine Sandalen. Er tat es. Und er sagte zu ihm: Leg dir den Mantel
um und folge mir! 9 Und er ging hinaus und folgte ihm – er
wusste jedoch nicht, dass es Wirklichkeit war, was durch den
Engel geschah, er meinte, eine Vision zu haben. 10 Sie gingen nun
an der ersten und zweiten Wache vorbei und kamen an das eiserne
Tor, das in die Stadt führt; es öffnete sich ihnen von selbst, und sie
traten hinaus und gingen eine Strasse weit. Kurz danach schied
der Engel von ihm. 11 Da kam Petrus zu sich und sagte: Jetzt
weiss ich wirklich, dass der Herr seinen Engel gesandt und mich
errettet hat aus der Hand des Herodes; er hat mich bewahrt vor*

allem, was das Volk der Juden sich versprach. 12 Als ihm das klar geworden war, ging er zum Haus der Maria, der Mutter des Johannes, der den Beinamen Markus trug, wo viele versammelt waren und beteten. 13 Als er nun an die Eingangstür klopfte, kam eine Magd namens Rhode, um nachzusehen, 14 und als sie die Stimme des Petrus erkannte, öffnete sie vor lauter Freude das Tor nicht, sondern lief ins Haus zurück und meldete, Petrus stehe an der Pforte. 15 Sie aber sagten zu ihr: Du bist nicht bei Verstand. Sie aber behauptete steif und fest, es sei so. Da sagten sie: Es ist sein Engel. 16 Petrus aber klopfte noch immer. Da öffneten sie ihm und sahen ihn und waren fassungslos. 17 Mit einer Handbewegung hiess er sie schweigen, erzählte ihnen, wie ihn der Herr aus dem Gefängnis herausgeführt hatte, und sagte: Berichtet es dem Jakobus und den Brüdern. Und er ging hinaus und begab sich an einen anderen Ort. 18 Als es Tag geworden war, herrschte unter den Soldaten nicht geringe Aufregung über das Verschwinden des Petrus. 19 Herodes liess nach ihm suchen; und da er ihn nicht fand, verhörte er die Wachen und liess sie abführen. Dann zog er von Judäa nach Cäsarea hinunter und blieb dort.

Predigt

«Gnade sei mit euch und Friede von Gott, die da ist und die da war und die da kommt.»

Petrus sitzt im Gefängnis!

Herodes hat ihn gefangen genommen, weil er seine Meinung unerschrocken und laut gesagt hat. Petrus weiss nicht mehr, seit wann er eingesperrt ist und wie lange es noch dauern wird.

Petrus ist bewacht wie ein Schwerverbrecher und die Wachen sind mit ihm in die Zelle gesperrt. Petrus ist müde von seinem Protest. Er schläft. Er ist erschöpft. Ich stelle es mir feucht, kalt und dunkel im Gefängnis vor. Wenn Petrus wach ist, dann kreisen seine Gedanken. Trotz der Hoffnung auf die Auferstehung, fühlt er einen schweren Stein auf seinem Herzen. Er hofft und hat gleichzeitig Angst. Er gibt sich in sein Schicksal.

Und plötzlich kommt ein Engel Gottes. Ein helles Licht der Hoffnung in dieser Verzweiflung. Gott hat das unablässige Gebet der Gemeinde erhört. Petrus kann es nicht glauben. Er ist wie in Trance. Er geht ohne Widerstand der Wachen aus dem Gefängnis hinaus. Er geht dorthin, wo die Gemeinde versammelt ist, und klopft an die Tür.

Die Freude über seine Befreiung kommt von Rhode. Eine junge Frau im Haus der Maria. Sie strahlt vor Freude, als sie Petrus als Befreiten vor der Tür hört. Sie zweifelt nicht, sondern ist von der Freude erfüllt. Und sie sagt es der Gemeinde, die immer noch betet. Die anderen merken gar nicht, dass Gott ihr Gebet erhört hat. Sie zweifeln. Erst später überkommt auch sie die Freude. Rhode, am unteren Rand der sozialen Ordnung, hat es direkt verstanden und an Gottes Macht geglaubt.

– Pause – Kerze anzünden

Alexej Nawalny sass im Gefängnis in Russland. Er ist gestorben am 16. Februar 2024. Für ihn zünde ich eine Kerze zur Erinnerung an, um die Erinnerung an politisch Gefangene wachzuhalten. Putin hat ihn gefangen genommen, weil er seine Meinung unerschrocken und laut gesagt hat. Nawalny wirkte oft müde und erschöpft in Interviews. Das Bild, das uns vielleicht von ihm im Kopf bleibt, zeigt ihn blass im Gerichtssaal. Aber er hat sich nicht unterkriegen lassen. Er hat Scherze gemacht. Er galt als Schwerverbrecher.

Es war kalt und einsam in seinem Gefängnis. Es kam kein Engel, um Nawalny zu befreien. Stattdessen ist er gestorben. Und seine Familie und Freunde und Freundinnen haben geklagt. Laut und unerschrocken.

Nawalny ist kein Einzelfall. In vielen Ländern der Welt sitzen Frauen, Männer und nicht-binäre Menschen im Gefängnis. Weil sie die Herrschaft kritisieren, weil sie unliebsam sind. Weil sie etwas getan haben, was dem Staat und der Gesellschaft nicht gefällt. Weil sie die falsche Religion ausüben. Weil Männer einander küssen, weil Frauen einander küssen.

Sie bekommen keinen Prozess, sondern werden weggesperrt. Damit sie ihre Meinung nicht mehr unerschrocken und laut sagen können. Und ihre Freund:innen und Familien beten für sie. Sie hoffen noch auf einen Engel, der aus dem Gefängnis führt. Sie engagieren sich. Sie protestieren. Sie sagen an der Stelle der Gefangenen ihre Meinung.

Die Wächter von Nawalny sind im System gefangen. Viele Menschen auf der Welt sind im System von Konsum und Kommerzialisierung gefangen. Zum Beispiel in Minen und Textilfabriken. Sie werden ausgebeutet. Es wird viel zu wenig an sie gedacht. Ihr Protest verhallt und er wird vergessen.

– Pause –

Ich merke, wie leicht ich mich einrichte im System des Konsums und der Bequemlichkeit. Es fehlt mir an nichts – und genau das kann mich lähmen, überhaupt noch Protest wahrzunehmen oder ein Unrecht als solches zu benennen. Die Situation der Näherinnen in globalen Lieferketten erscheint mir oft weit entfernt. Ihre Not bleibt abstrakt – und doch hängt sie mit meinem Alltag zusammen, mit dem, was ich trage. Auch der Aufschrei politischer Gefangener erreicht mich selten. Ihre Stimmen verhallen, ihre Namen bleiben unbekannt. Was sie sagen, wird kleingeredet oder gleichgültig wegerklärt. Und ich frage mich: Wie lange höre ich noch weg – und warum?

Uns geht es gut hier in Zentraleuropa – materiell gesehen. Dafür bin ich in meinen Gedanken von Leistung gefangen. Ich bleibe in meiner *comfort zone.* Wenn es dunkel ist, dann kreisen meine Gedanken. Ob ich gut genug bin? Ob ich genug mache? Was ich mir an mehr wünsche. Was ich schon besitze.

Aber ich kann ausbrechen. Ich kann zu Gott rufen und Gott Unrecht klagen. Ich kann von meiner Gefangenschaft und der Gefangenschaft der anderen reden. Gott ist uns Vater, Mutter, Bruder und Schwester. Gott ist stilles Geschrei und verborgene Sicherheit. Gott hört uns, in Klage und Lob.

Ich kann für andere ein Engel sein. Indem ich mich in politischen Organisationen engagiere. Oder indem ich hier vor Ort für Frieden eintrete. Oder indem ich Geld oder Zeit investiere. Oder auch indem ich bewusst meine Kleidung einkaufe.

Diese brennende Kerze schenkt mir Hoffnung, die in die Welt strahlen kann. Es ist eine Hoffnung auf Befreiung von allen realen und mentalen Gefängnissen. Über diese Befreiung kann ich mich freuen. So stark, wie Rhode sich gefreut hat. Auch wenn die Freude später kommt, so wie bei der Gemeinde. Dafür haben sie mit ganzem Herzen gehofft. Meine Hoffnung und die Hoffnung von uns allen kann dazu beitragen, dass Gott die Mauern der Gefängnisse einstürzen lässt. Deshalb lasst uns nicht aufhören zu hoffen, zu beten und uns tatkräftig zu engagieren, damit wir die Gefängnisse hinter uns lassen.

Ich möchte Ihnen ein Gedicht mit auf den Weg geben. Ein Gedicht von Dorothee Sölle. Sie war eine deutsche Theologin und hat sich mit den Herausforderungen ihrer Zeit auseinandergesetzt. Diese Herausforderungen sind heute andere und doch inspirieren sie mich. Das Gedicht heisst «Wo wir wohnen»:*

Wo wir wohnen

Unser gefängnis ist mit dem teuersten
design tapeziert
unsere Wächter betreuen uns
mit immer neuen programmen
wir werden gut unterhalten
mach uns leer christus
für die andere freiheit

Hilf uns heraus freund aller geschöpfe
an unserm haben stirbt das sein der anderen
am luxus hängt vergiften und ersticken
an unsrer art zu leben klebt gewalt

---

* Dorothee Sölle, aus: Loben ohne lügen. Gedichte, S. 85. © Wolfgang Fietkau Verlag 2000.

Mach uns frei menschenfreund
von allen falschen wünschen mach uns ledig
vom schneller mehr und öfter trenne uns
und vom besitz der uns besetzt hat
reiß uns los

Laß uns fortgehen mit dir
hilf uns heraus
mach uns leer
daß gott uns füllen kann

Gebet

Petrus ist so erschöpft, dass er einschläft. Es liegt so viel auf ihm. Vielleicht kennst du das: Gedanken und Sorgen wirbeln durch den Kopf, Gewicht liegt auf den Schultern und das Herz ist schwer. Aber die Gemeinde betet unablässig für Petrus. Wir können nun klagen, fürbitten und beten:

Für uns selbst und für alle Gefangenen in dieser Welt. Sende uns einen Engel und befreiende Freude für die Bedrückten.

Formen des Widerstands

Avi Girschweiler

Apg 16,23–40

23 Nachdem man ihnen viele Schläge gegeben hatte, warf man sie ins Gefängnis und trug dem Gefängniswärter auf, sie in sicherem Gewahrsam zu halten. 24 Auf diesen Befehl hin führte der sie in den innersten Teil des Gefängnisses und legte ihnen die Füsse in den Block. 25 Um Mitternacht aber beteten Paulus und Silas zu Gott und stimmten Lobgesänge an, und die anderen Gefangenen hörten zu. 26 Da gab es auf einmal ein starkes Erdbeben, und die Grundmauern des Gefängnisses wankten; unversehens öffneten sich alle Türen, und allen Gefangenen fielen die Fesseln ab. 27 Der Gefängniswärter fuhr aus dem Schlaf auf, und als er sah, dass die Türen des Gefängnisses offen standen, zog er sein Schwert und wollte sich das Leben nehmen, da er meinte, die Gefangenen seien geflohen. 28 Paulus aber rief mit lauter Stimme: Tu dir nichts an, wir sind alle da! 29 Jener verlangte nach Licht, stürzte sich ins Innere und warf sich, am ganzen Leib zitternd, Paulus und Silas zu Füssen. 30 Er führte sie ins Freie und sagte: Grosse Herren, was muss ich tun, um gerettet zu werden? 31 Sie sprachen: Glaube an Jesus, den Herrn, und du wirst gerettet werden, du und dein Haus. 32 Und sie verkündigten ihm und allen, die zu seiner Familie gehörten, das Wort des Herrn. 33 Und er nahm sie noch zur gleichen Nachtstunde bei sich auf und wusch ihre Wunden und liess sich und alle seine Angehörigen unverzüglich taufen. 34 Dann führte er sie in seine Wohnung, liess den Tisch bereiten und freute sich mit seinem ganzen Haus, weil er zum Glauben an Gott gekommen war. 35 Als es Tag geworden war, schickten die Richter der Stadt die Gerichtsdiener vorbei und liessen sagen:

Lass jene Männer frei! 36 Der Gefängniswärter richtete es dem Paulus aus: Die Richter haben die Meldung überbringen lassen, dass ihr frei seid. So geht nun und zieht in Frieden! 37 Paulus aber sagte zu ihnen: Ohne Urteilsspruch haben sie uns öffentlich prügeln lassen, obwohl wir römische Bürger sind, und uns ins Gefängnis geworfen. Und jetzt wollen sie uns heimlich fortschicken? Nein! Sie sollen kommen und uns selber hinausgeleiten. 38 Die Gerichtsdiener meldeten diese Worte den Richtern. Die bekamen es mit der Angst zu tun, als sie hörten, dass es sich um römische Bürger handelte. 39 Und sie gingen zu ihnen und redeten ihnen zu, geleiteten sie hinaus und baten sie, aus der Stadt wegzuziehen. 40 Da verliessen sie das Gefängnis und gingen zu Lydia, trafen dort die Brüder und Schwestern, sprachen ihnen Mut zu und brachen dann auf.

Predigt

Liebe Gemeinde, an unserer heutigen Geschichte gibt es nichts zu beschönigen. Sie beginnt, wie zu viele Geschichten bis zum heutigen Tag beginnen:

«Nachdem man ihnen viele Schläge gegeben hatte, warf man sie ins Gefängnis und trug dem Gefängniswärter auf, sie in sicherem Gewahrsam zu halten.»

Paulus und Silas werden Opfer eines Lynchmobs. Entgegen dem geltenden römischen Recht werden sie gefangen genommen, gepeinigt und eingesperrt. Verletzt und gedemütigt sitzen sie im Gefängnis.

Wir wissen, wie die meisten Geschichten, die so beginnen, ausgehen: Paulus und Silas erwartet wahrscheinlich ein Martyrium.

Aber dann, um Mitternacht, an diesem Ort, wo die Sonne nie aufgeht, erklingt ein Lied. Kein Klagelied. Auch kein Trostlied. Sondern eine Hymne. Vielleicht so:

«Gross ist Gott, und hoch zu loben, furchterregend über allen Göttern. Denn Gott kommt, er kommt, die Erde zu richten. Gott richtet den Erdkreis in Gerechtigkeit und die Völker in seiner Treue!» (nach Ps 96,4.13)

Das Lied lässt die Mitgefangenen aufhorchen. Es klingt durch die Gefängnismauern. Es dringt zu Gott.

Man könnte sagen: Paulus und Silas brauchen Trost. Den finden sie, indem sie die Lieder ihrer Kindheit singen. Sie lenken sich ab von ihrer unerträglichen Situation, indem sie an etwas Schöneres denken. Aber das griffe zu kurz. Ihr Lied ist wichtig und wirksam, weil es etwas in Bewegung bringt:

Es weckt ihren Widerstand.

Singen als Protest, das kennen wir gut. Pink Floyd: Another Brick in the Wall. Oder Childish Gambino: This Is America.

Protestlieder helfen uns, weil wir darin unsere Wut und unseren Widerstand zum Ausdruck bringen können. Wir singen sie den Mächtigen ins Gesicht. Das ist stark.

Doch das Gotteslob, das Paulus und Silas anstimmen, ist noch stärker. Ihr Lied gilt nicht denen, die sie eingekerkert haben. Denen drehen sie den Rücken zu. Mit ihrer Hymne bringen sie zum Ausdruck:

«Uns könnt ihr willkürlich auspeitschen und einsperren. Aber Gott könnt ihr nichts anhaben.»

Gottes Macht ist eine andere als die der Unterdrücker. Paulus und Silas verkünden dem erschütterten Gefängniswärter einen ganz bestimmten Gott:

«Glaube an Jesus, den Herrn, und du wirst gerettet werden, du und dein Haus.»

An Jesus soll er glauben. Jesus, der selbst ein Opfer politischer Willkür wurde, ausgepeitscht, gekreuzigt. In diesem Jesus, sagen Paulus und Silas, lebt die Macht Gottes, die Ketten sprengen kann. Zu diesem Gott haben die beiden gesungen. Zu diesem Gott singen wir.

Wenn wir singen und Gott loben, dann singen wir für Paulus und Silas und für die zu Unrecht Geknechteten. Wir kehren den Mächtigen der Welt den Rücken zu und machen klar, wem alle Macht der Welt gehört: Gott.

Das ist schön und gut. Aber ich habe ein Problem. Oder besser: ich habe keines. Ich bin nicht eingekerkert. Ich werde nicht verfolgt. Ich werde nicht unterdrückt.

Zwar ärgere ich mich über die Trägheit, die Kleinkariertheit und den mutlosen politischen Realismus meiner eigenen Regierung. Aber ich bin davon nicht betroffen. Ich bin nicht solcher Willkür ausgesetzt. Mein Singen hat nicht die gleiche Kraft wie das von Paulus und Silas.

Zum Glück lehrt uns Paulus eine zweite Form des Widerstands. Als die römische Obrigkeit die beiden heimlich aus der Stadt bringen will, wehrt er sich. Grundlos wurden sie ausgepeitscht und eingesperrt. Das lässt Paulus nicht mit sich machen. Er ist ein römischer Bürger. Und im römischen Reich gibt es ein Recht, das für römische Bürger gilt. Paulus besteht darauf, dass die Obrigkeit das Unrecht anerkennt, das ihm geschehen ist.

Er wehrt sich, ganz konkret, formell, politisch. Ohne dieses konkrete Handeln hätte sein Singen weniger Bedeutung gehabt.

Diese Form des Widerstands muss auch unser Widerstand sein.

Paulus und Silas hatten für ihren Widerstand nur ihre Stimmen zur Verfügung – wir haben so viel mehr.

Und mit dem, was wir haben, können wir etwas bewirken.

Wer, wenn nicht wir, soll sich einsetzen für die Gefangenen? Mit unserem Geld. Mit unseren Vereinen. Mit unseren politischen Mitteln. Mit unserer Kirche. Mit unseren eigenen Stimmen. Wenn Paulus und Silas im Gefängnis Gott loben, dann haben wir keinen Grund, es nicht auch zu tun.

Es ist verlockend, einen Gottesdienst abzuhalten und darin schöne Worte zu sagen und Hymnen zu singen, die trösten oder aufrütteln sollen, und den Gefangenen einen Gott zu versprechen, der unsichtbar die Welt regiert und für ihre Sache einsteht.

Unsere Worte werden verhallen, wenn wir sie nur sagen und singen. Wir, die es mehr als andere können, sollen etwas tun.

Darum bitte ich euch: Lasst uns einstimmen ins Lob Gottes, das heisst: Lasst uns widerstehen.

Es mag uns schwerfallen. Unser Engagement wird oft langweilig und anstrengend sein. Doch es läuft nicht ins Leere. Es dringt zu Gott, der sich in Jesus ins Leid der Welt hineinbegeben hat. Weil Gott weiss, was Leiden heisst, können die Gefangenen Gott loben.

Und solange es Gefangene gibt, die auf Befreiung hoffen, braucht es Menschen, die mit ihnen zu diesem Gott singen und Recht einfordern.

Auch in der Freiheit sollen wir uns fragen:

Wo ist unser Widerstand? Und wo unser Glaube?

Amen

Gebet
(angelehnt an «A Non-Traditional Blessing» von Sister Ruth Fox)*

Gott, segne uns mit Unbehagen,
wenn wir einfachen Antworten und Halbwahrheiten begegnen und uns in oberflächlichen Beziehungen wiederfinden – damit wir aus der Tiefe des Herzens leben und glauben.

Gott, segne uns mit Wut,
wenn wir Ungerechtigkeit, Unterdrückung und Ausnutzung begegnen – damit wir uns einsetzen für Gerechtigkeit, Gleichheit und Frieden.

Gott, segne uns mit Tränen,
die wir für die Leidenden vergiessen – damit wir den Mut haben, ihnen die Hand zu reichen und uns mit ihnen zu verbünden.

Gott, segne uns mit dem leichtfertigen Glauben,
dass unser Ringen, Weinen und Widerstehen einen echten Unterschied in der Welt machen – damit durch deine Kraft Dinge geschehen mögen, die andere für unmöglich halten.

---

* Eine Version des Gebets findet sich hier: https://worshipfulleigh.wordpress.com/2010/12/15/may-god-bless-you-with-discomfort/ (13.02.2026).

Der unbekannte Gott

Christiane Tietz

Predigt*

In eine der schönsten Städte des Mittelmeers entführt uns der heutige Predigttext – in eine Stadt, die lange Zeit das Zentrum der Antike war. Sie prägte die Umwelt wie keine andere durch ihre Architektur, ihre Philosophie und ihre Religion. Der Predigttext nimmt uns mit ins antike Athen. Zwar ist Athens grösste Blütezeit schon vorbei. Aber die eindrucksvollen Bauten stehen noch, die Akropolis überragt nach wie vor die engen Gassen. Die Stadt ist immer noch Symbol einer grossen, altehrwürdigen Tradition.

Mitten in dieser Stadt steht Paulus und spricht von seinem Gott. Er hält eine der am häufigsten erörterten Predigten der Weltliteratur. Ich lese aus Apostelgeschichte 17:

Apg 17,22–34
22 Da stellte sich Paulus hin, mitten auf dem Areopag, und sprach:
Männer von Athen! Ihr seid – allem Anschein nach – besonders
fromme Leute! 23 Denn als ich umherging und mir eure Heilig-
tümer anschaute, fand ich auch einen Altar, auf dem geschrieben
stand: Dem unbekannten Gott. Was ihr da verehrt, ohne es zu ken-
nen, das verkündige ich euch. 24 Der Gott, der die Welt geschaffen
hat und alles, was darin ist, er, der Herr des Himmels und der Erde,
wohnt nicht in Tempeln, die von Menschenhand gemacht sind,

* Predigt in der Frauenkirche Dresden am 11. Mai 2014

25 er lässt sich auch nicht von Menschenhänden dienen, als ob er
etwas nötig hätte; er ist es ja, der allen Leben und Atem und über-
haupt alles gibt. 26 Aus einem einzigen Menschen hat er das ganze
Menschengeschlecht erschaffen, damit es die Erde bewohne, so weit
sie reicht. Er hat ihnen feste Zeiten bestimmt und die Grenzen ihrer
Wohnstätten festgelegt, 27 damit sie Gott suchen, indem sie sich
fragen, ob er denn nicht zu spüren und zu finden sei; denn er ist ja
jedem einzelnen unter uns nicht fern. 28 In ihm nämlich leben,
weben und sind wir, wie auch einige eurer Dichter gesagt haben:
Ja, wir sind auch von seinem Geschlecht. 29 Da wir also von Gottes
Geschlecht sind, dürfen wir nicht denken, das Göttliche sei ver-
gleichbar mit etwas aus Gold oder Silber oder Stein, einem Gebilde
menschlicher Kunst und Erfindungsgabe. 30 Doch über die Zeiten
der Unwissenheit sieht Gott nun hinweg und ruft jetzt alle Men-
schen überall auf Erden zur Umkehr. 31 Denn er hat einen Tag
festgesetzt, an dem er den Erdkreis richten wird in Gerechtigkeit
durch einen Mann, den er dazu bestimmt hat, indem er ihn vor
allen Menschen beglaubigte durch die Auferstehung von den Toten.
32 Als sie das von der Auferstehung der Toten hörten, begannen die
einen zu spotten, die anderen aber sagten: Darüber wollen wir ein
andermal mehr von dir hören. 33 So ging Paulus weg aus ihrer
Mitte. 34 Einige aber schlossen sich ihm an und kamen zum Glau-
ben, unter ihnen Dionysios, ein Mitglied des areopagitischen Rates,
eine Frau mit Namen Damaris und einige andere.

Paulus steht auf dem Areopag, einem Felsen im Zentrum Athens, auf dem das Oberste Gericht zu tagen pflegte. Er spricht, wie die vorangegangenen Verse berichten, zu den gebildeten Philosophen von Athen. Wie dereinst dem Sokrates, so hören diese jetzt Paulus zu. Allerdings sind sie recht skeptisch, ob er wirklich etwas zu sagen hat. Einige haben ihn bereits als «Schwätzer» beschimpft.

Paulus knüpft zunächst an das an, was seine Hörerinnen und Hörer an Überzeugungen über die Götter und über die

Religion mitbringen. «Ihr seid – allem Anschein nach – besonders fromme Leute! Ich ging umher und schaute mir eure Heiligtümer an.»

Paulus beobachtet, dass die religiöse Situation in Athen von der Verehrung vieler verschiedener Götter bestimmt ist. Der polytheistische Götterhimmel der Athener ist reich bevölkert. Jeder Gott hat seine eigene Aufgabe. Poseidon bewahrt die Seeleute, Asklepios hilft den Ärzten – und Hermes den Dieben. Und die Göttin Athene, so meint man, wacht über das Wohl der Stadt. Im Leben des Volkes spielt die Verehrung der verschiedenen Götter eine wichtige Rolle. Jedem Gott hat man einen Tempel errichtet. Muntere Feste werden gefeiert, um den Göttern zu huldigen. Kleine und grosse Opfer werden gebracht, um sie zu ehren. Man kann sich das religiöse Treiben in Athen nicht bunt genug vorstellen.

Bei seinem Rundgang zwischen den Altären ist Paulus ein Altar besonders aufgefallen: der Altar mit der Aufschrift «Dem unbekannten Gott». Archäologische Ausgrabungen konnten genau diese Altaraufschrift zwar nicht bestätigen. Aber man weiss von Altären, auf denen die Aufschrift «den unbekannten Göttern» befestigt war. Warum diese verwunderliche Altaraufschrift? Obwohl man bereits einen ganzen Himmel voller Götter verehrte, hatte man Angst, irgendwelche Götter übersehen zu haben und sich dadurch ihren Zorn zuzuziehen. Einer dieser Götter könnte ja beleidigt sein, dass man *ihm* keinen Altar gebaut hatte, und er könnte dann der Stadt versuchen zu schaden. Der Altar für «den unbekannten Gott», das war also keine besonders tiefe Gottesvorstellung davon, dass Gott unbegreifbar sei und von der menschlichen Vernunft und Sprache nicht zu fassen. Dieser Altar war schlicht eine religiöse Versicherung aus Angst.

Auf den ersten Blick scheint ein unüberbrückbarer, garstiger Graben zwischen der damaligen religiösen Lage und unserer Zeit zu bestehen. Es scheint kaum möglich, etwas aus der Predigt des Paulus für unser heutiges Reden über Gott zu lernen. Die religiöse Situation, in der Paulus predigt, und die Gemengelage, in der wir stehen, wirken völlig verschieden. Einen polytheistischen Glauben gibt es heute in unserem Teil der Welt eigentlich nicht mehr. Auch sonst scheint es um den Glauben schlecht bestellt zu sein.

Wir leben in einer säkularisierten Gesellschaft, in der religiöse Traditionen abgebrochen sind und viele Menschen an gar keinen Gott mehr glauben. Religion scheint sich überlebt zu haben. Kritik oder – noch schlimmer – Desinteresse an Religion begegnen allerorten.

Doch schaut man genauer hin, dann entdeckt man, dass das so nicht stimmt. Es gibt sie noch, die Menschen, die mit ihrem Herzen an etwas hängen, die Menschen, die für etwas einstehen, was ihnen das Wichtigste ist, ganz im Sinne von Martin Luthers Spruch: «Worauf Du nun … Dein Herz hängst und verlässt, das ist eigentlich Dein Gott». Das kann ein Gott der grossen Religionen sein, aber auch ein Ziel, das man verfolgt, oder ein Mensch, an dem man hängt. Und manche heute haben sogar auch so etwas wie eine religiöse Versicherung, wenn sie zwar nicht mehr einer religiösen Tradition angehören, aber «an irgendeine höhere Macht» oder «an das Gute in der Welt» glauben.

Gehen wir zurück zu Paulus. Paulus kritisiert die Götterverehrung, die er in Athen vorfindet, radikal. Hier wird ein falsches Bild von Gott gemalt. Es ist ein Irrtum zu meinen, Gott wohne in von Menschen gemachten Tempeln, ein Missverständnis zu denken, Gott brauche die Speiseopfer von Menschen, weil ihn sonst hungere. Die Götter, die hier verehrt werden, sind von Menschen gemacht. Sie ähneln den Menschen gar zu sehr. Daran misst Paulus den Glauben der Athener: Sind die Götter von Menschen gemacht, ein Abbild ihrer selbst, nur Spiegel ihrer Sehnsüchte und Ängste, dann sind sie unecht, dann helfen sie nicht, weil sie – vielleicht stärker und grösser, aber letztlich gar nichts Anderes sind als die Menschen. Dann sind sie Projektionen. Dann bleiben die Menschen in ihrem Glauben an sie am Ende doch nur bei sich selbst.

Wenn diese menschengemachten Götter falsch sind, wer aber ist Gott dann? Paulus knüpft an den «unbekannten Gott», an die religiöse Versicherung der Menschen an, dreht die Bedeutung des «unbekannten Gottes» aber um. Mag sein, dass die Athener ihn irgendwie verehren. Aber sie kennen ihn gerade nicht. Er ist ihnen eben unbekannt. Der Gott, den Paulus verkündigt, der christliche Gott, ist anders als das, was *sie* sich über Gott denken.

Mir scheint, an diesem Punkt können wir von der Predigt des Paulus tatsächlich einiges für unser eigenes Reden von Gott lernen. In unserer Zeit begegnen auch deshalb Kritik und Desinteresse an der christlichen Religion, weil die Menschen nicht selten eine falsche Vorstellung vom christlichen Gott und vom Glauben haben. Kürzlich hörte ich in einer Fernsehdiskussion die Meinung, der christliche Glaube sei doch schon deshalb Unfug, weil er die Menschen dazu bringe, aus dieser Welt in ein religiöses Jenseits zu fliehen, anstatt diese Welt verantwortlich zu gestalten.

Wie wenig passt dieses Vorurteil zu dem umfangreichen ehrenamtlichen Engagement von Christinnen und Christen und der weitreichenden kirchlichen Diakonie! Auch das Vorurteil, dass Gott nur dazu da sei, als «Über-ich» dem Menschen ein schlechtes Gewissen zu machen, begegnete in dieser Sendung. Davon, dass der Mensch aus christlicher Sicht Gegenüber Gottes ist, mit ihm reden, streiten, vor ihm klagen kann, wie die biblischen Texte zeigen, war nichts zu hören. Wenn Christinnen und Christen heute anderen von ihrem Glauben erzählen, tun sie gut daran, die religiösen Vorstellungen der anderen zunächst aufmerksam wahrzunehmen. Dann aber ist es hilfreich zu beschreiben, wie der Gott, an den die Christinnen und Christen glauben, tatsächlich geglaubt wird. Manche Vorwürfe und Vorurteile, die gegen den christlichen Glauben begegnen – wenn auch wohl nicht alle –, könnten damit entkräftet werden.

So klärt auch Paulus auf: Es gibt aus christlicher Sicht nur einen Gott. Dieser Gott ist der Schöpfer der Welt. Und der Mensch wurde geschaffen, um mit Gott zusammen zu sein.

Paulus beobachtet: Manche Menschen suchen Gott. Andere suchen Gott nicht.

Auch dieser Gedanke könnte, so meine ich, in unsere Zeit passen. Es gibt die Kritik an der Religion. Aber es gibt eben auch ein Desinteresse an Religion. Nicht jeder Mensch sucht Gott. Es gibt Menschen, denen fehlt nichts ohne Gott. Sie verspüren keine religiöse Sehnsucht. Wie damit umgehen, wenn man vielleicht selbst bewegt ist vom Gefundensein durch Gott?

Es gibt drei Möglichkeiten: Die eine Möglichkeit ist, das Fehlen der religiösen Sehnsucht des Anderen zu ignorieren und ihm zu unterstellen, er bräuchte und suchte doch Gott, er habe es nur noch nicht gemerkt. Dietrich Bonhoeffer hat diese Uminterpretation des religiösen Selbstverständnisses des Anderen harsch kritisiert. Er schreibt: Dann versuche die Kirche, der autonomen Welt «zu beweisen, daß sie ohne den Vormund ‹Gott› nicht leben könne», und «dem sicheren, zufriedenen, glücklichen Menschen nach[zuweisen], daß er in Wirklichkeit unglücklich und verzweifelt sei und das nur nicht wahrhaben wolle, daß er sich in einer Not befindet, von der er garnichts wisse und aus der nur sie ihn retten» könne.*

---

* Dietrich Bonhoeffer: Widerstand und Ergebung. Briefe und Aufzeichnungen aus der Haft, Brief vom 30. April 1944 an Eberhard Bethge.

Die zweite Möglichkeit liegt darin, die Menschen, die ohne Gott leben, zu verachten und sich selbst als den besseren Menschen anzusehen. «Im Unterschied zu den Anderen habe *ich* mich Gott zugewandt und mich für Gott entschieden.» Doch würde damit übergangen, dass, ob ein Mensch an Gott glauben kann, nicht einfach in seiner Macht steht. Vieles spielt hier hinein. Letztlich bleibt Glaube ein Geschenk.

Die dritte Möglichkeit wählt Paulus. Er sagt nicht: «Jeder ist auf der Suche nach Gott und insofern Gott nahe, er muss es nur merken». Und er sagt auch nicht: «Ihr Anderen seid fern von Gott.» Paulus spricht nicht über die Nähe oder Ferne *der Menschen*. Er spricht über *Gott*. Paulus sagt: «Er ist ja jedem einzelnen unter uns nicht fern.» Auch wenn Menschen ohne Gott leben und ohne Gott leben wollen: *Gott* ist keinem Menschen fern. Menschen leben ohne Gott. Aber Gott lebt nicht ohne die Menschen. Der Schweizer Theologe Karl Barth hat diesen Unterschied schön ausgedrückt: «Es gibt zwar eine Gottlosigkeit des Menschen, es gibt aber … keine Menschenlosigkeit Gottes.»* Das bedeutet: Gott lässt keinen Menschen je allein. Er ist jedem Menschen nahe. Immer.

Weshalb ist Paulus davon überzeugt? Dass es so ist, zeigt sich für ihn an der Auferweckung Jesu Christi von den Toten. Auferweckung Jesu Christi aus dem Tod, das bedeutet: Der, der in grösster Gottverlassenheit starb, verstossen und verlassen von den Menschen und von Gott, von dem war Gott gar nicht fern.

Gott hat ihn auch im Sterben und im Tod nicht alleingelassen. Er war ihm, anders als alle dachten, immer noch

---

* Karl Barth: Kirchliche Dogmatik IV/3, zur «Gottlosigkeit des Menschen».

nahe. Diese Nähe Gottes auch im Tod hat dem Tod die Macht genommen.

Spätestens an dieser Stelle stiegen die Zuhörer des Paulus auf dem Areopag in Athen aus, zumindest die meisten. Auferstehung der Toten, das kam ihnen nicht nur merkwürdig, das kam ihnen völlig unsinnig vor. Aus ihrer philosophischen Sicht war der Tod einfach das Ende. Er gehört eben zum Leben hinzu. Und sie empfahlen, sich vor ihm nicht zu fürchten. Denn wer tot ist, empfindet nichts mehr, auch keine Furcht vor dem Tod. Der antike Philosoph Epikur schrieb lapidar: «Das schaurigste der Übel also, der Tod, geht uns nichts an, denn solange wir sind, ist der Tod nicht da, wenn aber der Tod da ist, dann sind wir nicht mehr. Er geht also weder die Lebenden an noch die Toten, denn bei den einen ist er nicht, und die anderen sind nicht mehr.»*

Gleichwohl: In Athen gab es offenbar auch Menschen, denen dieses Sich-Abfinden mit dem Tod nicht half und die auf mehr hofften, als sie zu Paulus sagten: «Darüber wollen wir ein andermal mehr von dir hören.»

Solche hoffenden Menschen gibt es auch heute. Die christliche Botschaft lautet: Du *darfst* hoffen! Auch auf ein Leben nach dem Tod. Nicht weil es so etwas wie eine unsterbliche Seele gäbe oder eine mehrfache Wiedergeburt. Und auch nicht, weil man in der Erinnerung anderer Menschen weiterlebt. Nein.

Die christliche Botschaft lautet: Gott hat Jesus Christus von den Toten auferweckt in ein neues Leben und wird auch Dich dereinst erwecken. Hoffe darauf! Gott bleibt Dir nah.

---

* Epikur: Brief an Menoikeus, in: Diogenes Laertios, Leben und Meinungen berühmter Philosophen, Buch X, §§ 122–135, hier § 125.

Er wird es dann sein. Und er ist es jetzt. Glaube daran. Lebe darin. Erzähle davon.

Und der Friede Gottes, der höher ist als alle Vernunft, bewahre Eure Herzen und Sinne in Christus Jesus.

Amen

Gebet

Gott,
Du bist in vielem ganz anders, als wir es denken.
Danke, dass Du uns nah bist, auch wenn wir uns Dir nicht nah fühlen oder Dir nicht nah sein wollen.
Du durchkreuzt unser religiöses Verständnis von Dir.
Danke dafür, Du unbekannter, Du in Jesus Christus sich bekanntmachender Gott.

Amen

Farewell

Simon Peng-Keller

Apg 20,17–25.31–38

17 Von Milet aus schickte er nach Ephesus und liess die Ältesten der Gemeinde zu sich rufen. 18 Als sie bei ihm eintrafen, sagte er zu ihnen: Ihr wisst, wie ich mich bei euch verhalten habe die ganze Zeit, vom ersten Tag an, da ich die Provinz Asia betreten habe: 19 Ich habe dem Herrn gedient in aller Demut, unter Tränen und in den Prüfungen, die mir durch die Anschläge von Seiten der Juden widerfahren sind; 20 ihr wisst, dass ich euch nichts vorenthalten habe von dem, was heilsam ist, vielmehr euch alles verkündigt und gelehrt habe, öffentlich und von Haus zu Haus. 21 Vor Juden und Griechen habe ich Zeugnis abgelegt von der Umkehr zu Gott und vom Glauben an Jesus, unseren Herrn. 22 Seht, nun reise ich als ein im Geist Gebundener nach Jerusalem, ohne zu wissen, was mir dort widerfahren wird; 23 nur dass der heilige Geist mir in jeder Stadt bezeugt, dass Fesseln und Drangsale auf mich warten. 24 Doch mein Leben ist mir nicht der Rede wert, wenn ich nur meinen Lauf vollenden und bis zuletzt den Dienst tun kann, den ich vom Herrn Jesus empfangen habe: Zeugnis abzulegen für das Evangelium von der Gnade Gottes. 25 Und nun seht, ich weiss, dass ihr mein Angesicht nicht mehr sehen werdet, ihr alle, zu denen ich gekommen bin, um euch das Reich zu verkündigen. […]
31 Darum: Seid wachsam und erinnert euch stets daran, dass ich drei Jahre lang, Tag und Nacht, nicht aufgehört habe, einen jeden von euch unter Tränen zu ermahnen. 32 Und nun vertraue ich euch Gott an und dem Wort seiner Gnade, das die Kraft hat, aufzubauen und das Erbe auszuteilen an alle, die geheiligt worden sind.
33 Silber oder Gold oder Kleidung habe ich von niemandem

begehrt. 34 Ihr wisst selbst, dass ich mit diesen meinen Händen
für meinen Unterhalt und den meiner Begleiter aufgekommen bin.
35 In allem habe ich euch gezeigt, dass man sich mit solcher Arbeit
der Schwachen annehmen und dabei der Worte des Herrn Jesus
eingedenk sein soll. Er hat ja selbst gesagt: Geben ist seliger als
nehmen. 36 Nachdem er dies gesagt hatte, kniete er nieder und
betete mit ihnen allen. 37 Sie aber begannen alle, laut zu weinen,
fielen dem Paulus um den Hals und küssten ihn. 38 Am meisten
schmerzte sie, dass er gesagt hatte, sie würden sein Angesicht nicht
mehr sehen. Dann begleiteten sie ihn zum Schiff.

Predigt

Paulus hat es eilig. An Pfingsten möchte er in Jerusalem sein. Er ist auf einer Abschiedstournee. Er hat in den vergangenen Jahren viel aufgebaut, sich mit allen verfügbaren Kräften eingesetzt, hat alles gegeben. Nun ist es Zeit aufzubrechen, loszulassen, das Werk zu übergeben.

Ich möchte Paulus in diesem Übergang begleiten. Worauf ich mich konzentrieren werde, ist nicht der Inhalt der Abschiedsrede, sondern wie er diesen Abschied und Aufbruch gestaltet. Ich möchte etwas von ihm lernen.

Bevor er geht, möchte er nochmals die Menschen sehen, die ihn unterstützt haben, die mit ihm gekämpft und gelitten haben. Er besucht nochmals die Gemeinden, die er gegründet hat.

Er ist erschöpft und gezeichnet, sein Leib übersät mit Narben, seine Seele wundgerieben und gereizt von vielen Konflikten. Sein bisheriges Leben glich einem Sturzbach. Gerade deshalb braucht er jetzt Verlangsamung.

Er braucht Zeit, um nachzudenken, um das Vergangene würdigen und ordnen zu können, um Bilanz zu ziehen und abzuschliessen. Deshalb geht er, obwohl er es eilig hat, weite Strecken alleine zu Fuss, obwohl es mit dem Boot leichter oder schneller wäre.

Paulus lebt auf ein Ziel hin. Und er hat es eilig, es zu erreichen. Doch das ist nur die eine Seite. Die andere ist: Er ist ein von einem Lichtstrahl Getroffener. Sein Leben hat einen tiefen Krater, über den er nie hinausgekommen ist, nie hinauskommen wollte.

Er wurde hineingerissen in eine Sammlungsbewegung, die ihn gleich einem Strudel in die Tiefe zog, sein altes Ich überschwemmte, ohne dass es ganz verschwand. Er ist wie Jona an ein Ufer geschwemmt worden, das er sich nicht selbst ausgesucht hat.

Ich erkenne in dieser Geschichte mich selbst wieder, wie in einem matten Spiegel. Wie Paulus bin auch ich hineingerissen, hineingenommen in eine Sammlungsbewegung, einen Strudel, schwimmend, tauchend, nach Luft ringend, springend, auf grossen Wellen getragen, in die Höhe geworfen.

Lukas webt sein Evangelium und die Apg aus einer Kette miteinander verwobener Geschichten. Lange vor der Gestaltpsychologie orientiert er sich dabei am Prinzip: Damit sich etwas Neues eröffnen kann, muss sich ein Kreis schliessen. Die Geschichten, die Lukas erzählt, gleichen überlappenden Kreisen. Und so geht die Jesusgeschichte langsam in die Geschichte des Paulus über und in die Geschichte des Paulus verwebt Lukas seine eigene Geschichte.

Wir sind in Geschichten verstrickt, die wir nicht gewählt, nicht ausgesucht haben. Geschichten, die uns erreicht haben wie Wellen, die aus der Ferne kommen. Das Wesentlichste ist Geschenk.

Bevor wir beginnen, die Welt zu ertasten und zu erschliessen, sind wir Berührte und Getragene – und wir bleiben es ein Leben lang.
Was uns trägt und berührt, steht nicht in unserer Macht. Doch an uns ist es, daraus zu leben, diese Inspiration weiterzugeben, aus der Fülle zu leben, restlos, so wie Paulus.

In Milet trifft Paulus seine engsten Gefährten zum letzten Mal. Er richtet seine letzten Worte an sie, sein Vermächtnis. Er hat diesen Ort, das Manhattan der Antike, gut ausgesucht. Aus praktischen Gründen: Er kann nicht mehr nach Ephesus. Doch auch symbolisch: Milet ist der Geburtsort abendländischer Rationalität, der Frage nach dem Ursprung und den Ursachen von allem. Die christliche Theologie, die Paulus begründet, lotet das Spannungsfeld zwischen philosophischem Logos und dem göttlichen Logos bis heute aus.

Es sind dichte Augenblicke. Tränen fliessen, letzte Umarmungen, Küsse, Wünsche, Dankesworte, ein Winken, bevor das Schiff seine Anker löst.

Die Erfahrung, dass das Leben sich in solchen Abschiedsmomenten verdichtet und auf seinen Grund hin transparent wird, lässt sich schwer in Worte fassen.

In solchen Momenten leuchtet auf, was eine Beziehung ausgemacht hat, wofür man gelebt hat, was einen getragen hat, was wirklich wichtig war in der Fülle dessen, was die geschenkten Jahre, Monate, Tage und Nächte bergen.

Bei der Begleitung palliativer Patientinnen und Patienten und ihren Familien werde ich regelmässig Zeuge solcher Zeitverdichtungen, der Verdichtungen des Lebens, wenn es sich zu Ende neigt.

Paulus möchte möglichst rasch nach Jerusalem, gebunden vom Heiligen Geist, heisst es. Er kann und will es nicht anders, obwohl er ahnt, dass ihn dort noch anderes binden wird. Es zieht ihn magnetisch an den Ort, an dem nach dem Zeugnis des Lukas alles begann. Jerusalem ist das organisierende Zentrum des Lukasevangeliums und der Apostelgeschichte: der Ort der Sammlung und der Sendung. Paulus muss dorthin, um weitergehen zu können.

Wie Paulus, mache ich mir Gedanken darüber, was ich noch tun möchte, was ich noch zu tun habe in der Zeit, die mir bleibt. Die Tage sind kostbar. Ich möchte sie nicht vertun.

Die Uhr tickt. Doch hört sie manchmal auch auf zu ticken. Wenn ich mich ganz in die Sammlung hineingeben kann. Wenn das in den Vordergrund tritt, was bleibt, was mich trägt und inspiriert, mich immer schon getragen und inspiriert hat.

Christsein bedeutet leben in einer heilsam befristeten Zeit. Ebenso wahr ist: Christsein ist die Relativierung der befristeten Zeit, der Agenden und Termine, wie sie auch das Studienjahr und der Alltag der Studierenden und Dozierenden bis zum Überdruss kennen.

An Pfingsten ist Paulus in Jerusalem. Der Kreis seiner Sendung schliesst sich. Und im Schliessen öffnet er sich, hin zu einer neuen Reise.

Wie Paulus bin ich, sind wir im Übergang, am Ende, am Anfang, Abschiednehmende und Aufbrechende, Eilende und Verweilende.

Lukas lädt uns ein, uns in die Doppelbewegung von Sammlung und Aufbruch hineinzubewegen. Wir brauchen Orte und Zeiten der Sammlung, um mit dem Ursprung und der entfristeten Zeit in Berührung zu kommen.
Wir sind in den Strom einer Sammlungsbewegung hineingezogen, schwimmend, segelnd, glücklich ertrinkend und gerettet, wie Jona an ein neues Ufer geworfen.

Sympathisch ist, dass Lukas Paulus nicht nur als Held, sondern auch als Lernenden porträtiert. In Troas hat er nämlich das Gefühl für die Zeit völlig verloren und so lange gepredigt, dass jemand eingeschlafen und zum Fenster hinausgestürzt ist. In Milet hat er dazu gelernt und fasst sich kürzer.

Amen

Gebet

Lebendiger Gott,
Paulus lebte im Spannungsfeld
von Sammlung und Aufbruch,
von Sich-Einlassen und Loslassen,
von Verweilen und Eilen.
Schenk uns in allem Tun Ruhe,
in allem Aufbruch Sammlung,
in aller Verbindlichkeit Freiheit,
heute und immer.

Amen

Walter Dietrich

Gott, Macht und Liebe

Die Samuelbücher heute predigen

Kleinod alttestamentlicher Erzählkunst und bedeutende Geschichtsquelle – das sind die Samuelbücher. Sie spielen in einer weit zurückliegenden Zeit und halten doch überraschend aktuelle Einsichten über Gott, Welt und Mensch bereit. Wie kann man heute über die Samuelbücher und wie überhaupt über erzählende Texte predigen?

Zum Beispiel so, wie es der erste Band der Reihe «bibel heute predigen» zeigt. Er versammelt knapp zwanzig Predigten zu besonders eindrücklichen, spannenden und nachdenklich stimmenden Samuelgeschichten. Berühmte und kaum bekannte Gestalten wie Samuel und Hanna, Saul und die «Hexe» von En-Dor, David, Goliat und Barsillai, Michal, Batscheba und Rizpa erwachen zu neuem Leben. In Erzählpredigten, aber auch in einzelnen dialogischen Predigten zeigt der Samuelforscher Walter Dietrich, wie sich die Texte im Gottesdienst gestalten lassen. Eine knappe Einleitung in die Samuelbücher ist dem Band vorangestellt, die einzelnen Predigten werden durch ein liturgisches Element ergänzt.

Dietrichs Predigten empfinden den Inhalts- und Formenreichtum der Textvorlagen nach, machen Lust auf die biblischen Texte – und aufs Predigen.

«The sermons contain many interesting thoughts. I heartly recommend this book to preachers.»
Rezension von Lena-Sofia Tiemeyer für die *Book List* des *Journal for the Study of the Old Testament*

Theologischer Verlag Zürich
bibel heute predigen
2024, 208 Seiten, Paperback
ISBN 978-3-290-18594-7